工商管理理论与实践研究

周　贤　葛美琴　刘兆霞◎著

中国出版集团　现代出版社

图书在版编目（CIP）数据

工商管理理论与实践研究 / 周贤，葛美琴，刘兆霞
著． -- 北京 : 现代出版社，2022.12
ISBN 978-7-5231-0140-7

Ⅰ．①工… Ⅱ．①周… ②葛… ③刘… Ⅲ．①工商行
政管理－研究 Ⅳ．①F203.9

中国版本图书馆CIP数据核字(2022)第256417号

工商管理理论与实践研究

作　　者	周　贤　葛美琴　刘兆霞
责任编辑	朱文婷
出版发行	现代出版社
地　　址	北京市朝阳区安外安华里504 号
邮　　编	100011
电　　话	010-64267325　64245264(传真)
网　　址	www.1980xd.com
电子邮箱	xiandai@ cnpitc.com.cn
印　　刷	北京四海锦诚印刷技术有限公司
版　　次	2023 年 5 月第 1 版 2023 年 5 月第 1 次印刷
开　　本	185 mm×260 mm　1/16
印　　张	11
字　　数	260 千字
书　　号	ISBN 978-7-5231-0140-7
定　　价	58.00 元

前　言

随着我国经济体制改革的不断深入，工商行政管理在我国社会主义现代化建设中日益显示出它的重要性。广大的工商行政管理实际工作者和教育工作者正在全面、系统地总结我国工商行政管理的经验，开展工商行政管理学的理论研究和应用，努力探讨、揭示社会主义工商行政管理工作的规律性，以不断提高工商行政管理工作的水平。

近年来，我国的工商行政管理工作有了空前的发展，工商行政管理方面的很多法律、法规已进行了修订和完善，我们在总结实际管理部门丰硕成果的基础上，结合自己的教学、科研实际，面对新形势下我国进行的政治、经济、社会、文化、环境体制等一系列改革，对公务员制度、行政处罚、行政复议、市场主体登记管理、广告管理和反不正当竞争等内容进行了较大篇幅的修改。

现今是知识经济的时代，企业对专业工商管理人才的需求量在不断增加。工商管理是一门应用十分广泛的专业，工商企业管理就是对企业的生产经营活动进行计划、组织、领导、人员配备、指挥、协调和控制等一系列职能的总称。工商管理具有促进市场体系建设和完善的作用，市场体系是经济运行的核心，其建设与完善对经济的发展至关重要。基于此，本书从工商管理的基础理论出发，先对其基础管理、市场营销、生产、物流等一系列管理项目进行详细的分析与探索，后对其人力资源、企业文化等进行总结与分析，可为企业管理、工商管理的专业人员提供参考。

本书在编写过程中参阅了近年来有关专家、学者关于工商管理方面研究的著述，在此表示深深的谢意。由于编写时间仓促，加之我们实践经验较少，书中的缺点和不足在所难免，还请读者不吝赐教，在此表示感谢。

目　录

Contents

第一章　工商管理基础理论

第一节　工商管理学科概述

一、工商企业管理

（一）工商企业及其分类

1. 工商企业

企业是指以营利为目的，运用劳动力、资本、土地、技术等各种生产要素向市场提供商品或服务，实行自主经营、自负盈亏、独立核算的具有法人资格的社会经济组织。早期的企业较多地出现在工业和商业领域，因此概括地称为工商企业。企业的含义十分丰富，不同学科对企业的内涵有着不同的认识：经济学认为，企业是创造经济利润的机器和工具；社会学认为，企业是人的集合；法学认为，企业是一组契约关系；管理学则认为，企业是为实现盈利而形成的一类组织。

企业是社会分工发展的产物。从劳动分工的角度来看，企业这种经济组织将具有专门技能、分属于不同职业的人集中在一个作坊里，利用专门的机器实现某些特殊工艺，实现了专业化生产。企业存在的意义是能利用劳动分工和专业化的优势促进劳动生产率的提高。随着社会分工的不断发展壮大，企业现在已经成为市场经济活动的主要参与者，构成了市场经济的微观基础。

2. 工商企业的分类

（1）个人独资企业

个人独资企业是最古老也是最常见的企业法律组织形式，又称个人业主制企业，是由一个自然人投资并承担无限连带责任，全部资产为投资者个人所有的营利性经济组织。这类企业的典型特征是个人出资、自负盈亏，业主对企业债务承担无限责任。当个人独资企业财产不足以清偿债务时，经营者要以个人其他资产予以清偿。这类企业的创设条件最简单。

（2）合伙企业

合伙企业是指由两个或两个以上的人共同出资经营、共享收益、共担风险，并对合伙企业债务承担无限连带责任的营利性组织。合伙企业通常要订立合伙协议，决策要合伙人集体做出，不如个人独资企业自由，但具有一定的规模优势。合伙企业包括普通合伙企业和有限合伙企业两种形式。两者最大的区别在于有两种不同类型的所有者：普通合伙人和有限合伙人。其中，普通合伙人对合伙企业的债务负无限责任，而有限合伙人仅以投资额为限承担有限责任，但一般不拥有对企业的控制权。

（3）公司制企业

公司是现代社会中最主要的企业形式，是以营利为目的，由法定人数以上的投资者出资形成，拥有独立的资产，享有法人财产权，独立从事生产经营活动，依法享有民事权利，承担民事责任，并以其全部财产对公司的债务承担责任的企业法人。与个人独资企业、合伙企业相比，公司制企业最大的特点是仅以其所持股份或出资额为限对公司承担有限责任。公司制企业的主要形式为有限责任公司和股份有限公司。

（二）工商企业管理

1. 管理的起源

管理是人类社会活动和生产活动中普遍存在的社会现象。管理实践活动已存在了上千年，几乎与人类历史一样悠久。早在原始社会，人们为了抵御恶劣的自然环境就形成了以血缘关系为基础的氏族部落，从事集体劳动并共同生活。推选出的部落首领负责安排狩猎等组织活动，进行简单的分工协作，猎取的食物按照一定的规则在成员之间进行分配等，这些维持共同生活的组织活动就是管理实践，虽然处于原始的自发状态，但其本质与今天的管理并无差异。

人类的管理实践活动基本与人类的出现同步，并在人类的各种组织，如家庭、氏族、宗教、企业和国家中发挥着获取发展、促进成长的作用。组织中的成员要想实现分工协作，达到预期目标，必须对参与分工协作的成员的行为、利益等进行协调，使成员能够心往一处想、劲往一处使，取得1+1>2的效果。管理是协作的客观需要，共同劳动涉及的范围越广，管理工作就越复杂。

新兴的工厂制度所提出的管理问题完全不同于以前传统组织所碰到的管理问题。新制度、新形势下的管理人员不能用以前的任何一种管理办法来确保各种资源的合理使用。这些前所未有的管理问题需要人们去研究解决，在这种情况下，针对企业的管理研究开始出现。

2. 工商企业管理

人们的劳动专业化分工和相互协作形成各类工商企业，企业中的成员要想实现分工协作，达到预期目标，必须对参与分工协作的成员的行为、利益等进行协调，使成员能心往一处想、劲往一处使，取得 1+1>2 的效果。管理是协作的客观需要，共同劳动涉及的范围越广，管理工作就越复杂。管理的好坏决定了企业寿命的长短。由此可见，管理策略是企业获得发展的根本原因。

工商企业管理就是借助管理这种手段，来实现企业盈利并持续经营的目标。工商企业管理与工商行政管理存在着本质区别。工商企业管理定位于具体企业，其目标是提高单个企业的竞争力，改善经营业绩，增加股东回报，为企业决策提供依据。一般来说，在讨论企业管理问题时，我们会站在某个企业的立场上，关心如何解决其所面临的独特问题，如何能将企业利益最大化，发掘出其核心竞争力。虽然随着时代的发展，企业也开始承担社会责任等工作，但其社会责任决策也要服从营利性这个根本目标。

工商行政管理属于公共管理学科的范畴，是指国家为了建立和维护市场经济秩序，通过市场监督管理和行政执法等机关，运用行政和法律手段，对市场经营主体及其市场行为进行的监督管理。工商行政管理的执行主体是各地的工商行政管理局，其主要职能是：监督管理各类市场、依法规范市场交易行为，保护公平竞争，查处经济违法行为，取缔非法经营，维护正常的市场经济秩序。工商行政管理的主要目的是站在政府的角度，保护公平竞争，制止不正当竞争，保护经营者和消费者的合法权益，维护整个市场的公平与效率。

二、工商管理学科

（一）工商管理学科的主要内容

1. 研究对象

管理学科是系统研究管理活动的基本规律和一般方法的科学，主要研究管理者如何有效地管理其所在的组织。不同行业、不同部门、不同性质的组织，其具体的管理方法和内容可能很不相同。一般来说，管理学的研究对象主要包括三类组织：营利性组织、非营利性组织、政府部门；营利性组织的管理即工商管理，非营利性组织的管理即公共事业管理，以及政府组织管理即行政管理。

工商管理学科是研究营利性组织——企业，包括不同产业、不同性质、不同规模的各种类型企业的生产、经营与管理问题所遵循的基本理论、基本原理和基本方法的学科。具体地说，工商管理学科以工商企业的管理问题为研究对象，以经济学和行为科学为主要理论基础，以统计学、运筹学等数理分析方法和案例分析方法等为主要研究手段，探讨和研究工商企业如何把市场配置给企业的各种可支配资源，如土地、劳动力、资金、技术、信息等，最充分合理地组织和利用起来，以获得最大的经济和社会效益。工商管理学科的研究目的是探索、归纳和总结出管理活动的一般理论、规律和方法，为企业或经济组织的管理决策和管理实践提供管理理论指导与科学依据，培养各类专业管理人才，提高企业经营管理效率，推动企业持续发展，从而促进社会经济的发展。

2. 研究内容

工商管理学科的研究内容主要是企业的经营管理活动，活动的效率、效果，以及与此相关的各类问题。这些问题大致包括：公司治理、生产运营、物流配送、组织行为与人力资源、财务与会计、市场营销与品牌创建、管理信息系统与互联网技术应用、技术创新管理、战略管理、服务管理等有关管理职能问题；企业产品或服务设计、采购、生产、运营、投资、理财、销售、战略发展等管理决策问题；企业作为一个整体与宏观社会、文化、政治、经济等外部环境之间的关系问题；以及企业创业、成长、危机及衰退等组织演进问题。工商管理学科体系包括四个子学科：基础管理学科、职能管理学科、综合管理学科和专门业务管理学科。

（1）基础管理学科

本学科包括管理学原理、管理心理学、管理经济学和组织行为学等。在工商管理专业培养方案中，这些学科的知识通常设置为专业基础课程，目的是为专业课奠定必要的基础，为后续专业学习提供基本理论、工具和方法。专业基础课是大学生学习专业课程、形成专业能力的重要基础，并与专业课程共同构成了大学专业教育的核心课程体系。

（2）职能管理学科

本学科包括生产管理、质量管理、营销管理、人力资源管理、会计学、财务管理、技术创新管理等。这些领域的研究相对比较成熟，在工商管理专业中通常设置为专业核心课程。这些课程的目的是使学生掌握必要的专业基本理论、专业知识和专业技能，了解本专业的前沿科学技术和发展趋势，培养分析解决本专业范围内一般实际问题的能力。工商企业中一般都设置有相关的职能部门专门负责某一职能方面的管理工作。

（3）综合管理学科

本学科包括战略管理、领导科学等。战略管理、领导科学等课程侧重于概念性技能的培养，企业中难以设置相应职能的部门，这些技能对高层管理者非常重要。由于高层管理者承担着企业中制定战略、做出重大决策、分配资源等工作，同时对整个企业的绩效负责，因此他们需要纵观全局，分析判断所处环境并能识别其因果关系的概念性技能。

（4）专门业务管理学科

本学科包括项目管理、资产管理、房地产管理、电子商务管理、风险管理、会展和赛事管理等。这类学科知识通常以专业选修课的形式进行教授，大学生可以根据自己的兴趣和发展方向自主选择。在实践中，这些领域是近年来发展最快的新兴行业，行业的发展对人才产生了较大的需求，也能提供较多的就业岗位。

3. 研究基础

工商管理学科的基础理论主要包括经济学理论、行为科学理论、博弈论与决策论等。

首先，企业经营活动和管理决策在很大程度上受到宏观经济的影响，因此，经济学是工商管理学科的基础理论之一。由于"经济管理"一词的使用频率非常高，经济学与管理学经常被人们认为是大同小异的学科，但实际两者存在很大差异。

经济学讲求社会整体的效率与公平，以提高社会公共福利为宗旨，关注行业政策和行业结构等宏观层次的问题，为政府制定政策提供依据。管理学虽然也要兼顾社会的整体利益，但其重点却是为企业利益服务，以提高单个企业竞争力，改善经营业绩，增加股东回报为目标。这意味着后者会关心如何面对同样的行业宏观环境建立企业独特的竞争优势，而前者甚至可能试图降低某些企业甚至行业的利润率，以实现公众利益的最大化。管理学通常以个别企业为研究对象，关心的是如何解决其面临的独特问题，以及如何发掘其核心竞争力。

而从管理学的角度来看，微软公司正是充分利用了战略管理理论和方法，才能在整个行业中占据有利的竞争地位，给其他竞争者建立了进入行业的障碍，并凭借这种优势地位获得超额利润，这是管理学中战略管理研究的内容，也是管理实践活动中企业与管理者追求的目标。

其次，经营管理活动和决策的主体是人，而人的个体或群体心理行为会影响企业的经营活动和管理决策，因此，行为科学同样成为工商管理学科的基础理论之一。管理主要是处理人与人之间的关系，行为科学是一门研究人们行为规律的科学，主要研究如何激发人的工作积极性，提高劳动生产率，改善并协调人与人之间的关系，缓和劳资矛盾。行为科学借助了心理学、社会学、人类学等学科的很多成果，从中寻找对待企业员工的新方法及提高劳动效率的途径。

最后，工商管理学科研究企业各种职能部门经营管理活动和管理决策，而在企业经营管理中面临复杂的内部代理问题和激烈的外部市场竞争，因此，博弈论和决策论近年来也逐步成为工商管理学科的基础理论之一。由于工商管理学科内容的交叉性、综合性和复杂性特征，各类专业还有自己一些独特的专业理论系统，主要包括财务与会计、生产运营管理、物流与供应链管理、组织行为与人力资源、技术管理、市场营销、企业战略管理等相关理论体系。

4. 研究方法

从研究方法看，工商管理学科使用了自然科学、工程技术科学和社会科学研究中的主要方法，包括理论研究方法和应用研究方法。理论研究方法包括统计学、运筹学、数学建模和优化技术等数理分析方法；应用研究方法有案例研究、项目研究、行动研究、模拟研究和实验研究等。此外，随着自然科学、社会科学和信息技术的发展，工商管理还不断引入其他学科的研究方法，包括心理试验、计算机仿真模拟技术、数据挖掘分析、非线性动力学、多元分析技术等。

（二）工商管理学科的特点

1. 工商管理学是一门综合性学科

工商管理学科是一门综合性的交叉学科。管理活动在各种类型的企业中普遍存在，是对企业中的人、财、物、信息、技术、环境等要素的动态平衡。管理过程的复杂性、动态性和管理对象的多样化决定了管理所要借助的知识、方法和手段的多样化。因而，工商管理学的研究也必然涉及众多的学科，主要有哲学、经济学、社会学、心理学、生理学、人类学、伦理学、政治学、法学、数学、计算机科学、系统科学等。

工商管理学科的这一特点对管理人才的知识结构提出了更高的要求。管理的综合性，决定了我们可以从各种角度出发研究管理问题；管理的复杂性和对象的多样化，则要求管理者具有广博的知识，才能对各种各样的管理问题应付自如。

2. 工商管理学是实践性很强的应用科学

工商管理学研究的主要对象是企业管理实践。无论是经济学、计量方法还是行为科学都只是管理研究的工具。理论来自实践，又对实践起到指导作用。工商管理学是从人类长期实践中总结而成的，同样要去指导人们的管理工作。由于管理过程的复杂性和管理环境的多变性，管理知识在运用时具有较大的技巧性、创造性和灵活性，很难用固定的规则、原理、定义固定下来，因此管理具有很强的实践性。

对工商管理工作来说，越高层的管理，如董事长和 CEO 的工作，艺术成分越多；越基层的管理，如部门经理或车间主任，甚至是现场调度或质量控制的工作，科学成分越高。管理学科的实践性，决定了学校是培养不出"成品"管理者的。要成为一名合格的管理者，除了掌握管理学的基本知识以外，更重要的是要在管理实践中不断磨炼，积累管理经验，从干中学、干学结合才能真正领悟管理的真谛。

3. 工商管理学是不精确的科学

人们通常把在给定条件下能够得到确定结果的学科称为精确的科学，如数学，只要给出足够的条件或函数关系，按一定的法则进行演算，就能得到确定的结果。工商管理学则不然，它具有不精确性。

例如，企业管理活动中要先进行计划，然后根据员工不断变化的需求调整相应的激励手段，这些可以称之为管理原则；但显然，这些原则与数学、物理中的精确描述的定理等区别很大，它们缺乏精确科学中的严密性。主要原因是影响管理的因素众多，无法准确判定因素之间的相互关系。另外，管理主要是与人打交道，人的心理变化、思想情绪等很难准确地控制，无法使用量化方法精确地度量。

尽管如此，管理学虽然不像自然科学那么精确，但它依然符合科学的特征。科学是正确反映客观事物本质和规律的知识体系，是不以人的意志为转移的客观规律。从这一点来说，管理学具备科学的特征，是一门科学，虽然不像自然科学那么精确，但经过几十年的探索、总结，已形成了反映管理过程客观规律的管理理论体系，据此可以解释管理工作中存在的各种现象，并且预测未来可能发生的变化。管理学可以用许多自然科学中所用的方法定义、分析和度量各种现象，还可以通过科学的方法进行学习和研究，不同的只是其控制和解释干扰变量的能力较弱，不能像自然科学那样进行严格的实验。

第二节　工商管理的基本职能

一、内容

管理职能一般根据管理过程的内在逻辑，划分为几个相对独立的部分。划分管理的职能，并不意味着这些管理职能是互不相关、截然不同的。划分管理职能，其意义在于：管理职能把管理过程划分为几个相对独立的部分，在理论研究上能更清楚地描述管理活动的整个过程，有助于实际的管理工作以及管理教学工作。划分管理职能，管理者在实践中有助于实现管理活动的专业化，使管理人员更容易从事管理工作。在管理领域中实现专业化，如同在生产中实现专业化一样，能大大提高效率。同时，管理者可以运用职能观点去建立或改革组织机构，根据管理职能规定出组织内部的职责、义务和权利以及它们的内部结构，从而确定管理人员的人数、素质、学历、专业、技能、知识结构等。

二、计划决策

（一）计划工作

计划工作有广义和狭义之分。广义的计划工作是指制订计划、执行计划和检查计划三个阶段的工作过程。狭义的计划工作是指制订计划，即根据组织内外部的实际情况，权衡客观的需要和主观的可能，通过科学的调查预测，提出在未来一定时期内组织所须达到的具体目标以及实现目标的方法。

（二）计划程序

1. 估量机会

它是在实际的计划工作之前就应着手进行的工作，是对将来可能出现的机会的估计，并根据自己的长处和短处，搞清楚自己所处的地位，做到心中有数，知己知彼。同时，还应该弄清楚面临的不确定性因素有哪些，并对可能取得的成果进行机会成本分析。

2. 确定目标

在制订重大计划时，第二个步骤就是确定整个企业的目标，然后确定每个下属工作单位的目标，以及确定长期的和短期的目标。计划工作的目标是指企业在一定时期内所要达到的效果。它指明所要做的工作有哪些，重点放在哪里，以及通过策略、政策、程序、预算和规划等各个网络所要完成的是什么任务。

3. 确定计划的前提

就是研究分析和确定计划工作的环境，或者说就是预测执行计划时的环境。因此，应选择那些对计划工作具有关键性的、有战略意义的、对执行计划最有影响的因素进行预测。

4. 制订可供选择的方案

一个计划往往有几个可供选择的方案。选择方案时，不是找可供选择的方案，而是减少可供选择方案的数量，以便可以对最有希望的方案进行分析。

5. 评价各种方案

在找出了各种可供选择的方案并明确了它们的优缺点后，就要根据前提和目标，权衡轻重，对方案进行评估。

6. 选择方案

这是做决策的关键。有时会发现同时有两个可取的方案，在这种情况下，必须确定出首先采用哪个方案，将另一个方案也进行细化和完善，并作为后备方案。

7. 制订派生计划

派生计划是总计划下的分计划。做出决策之后，就要制订派生计划。总计划要靠派生计划来扶持。

8. 用预算形式使计划数字化

在完成上述各个步骤之后，最后一项工作便是把计划转化为预算，使之数字化。预算实质上是资源的数量分配计划。它既可以成为汇总各种计划的工具，又是衡量计划工作完成进度的重要标准。

（三）决策

所谓决策，就是指为了达到一定的目标，从两个以上的可行方案中选择一个合理方案的分析判断过程。决策具有以下六个特征。

第一，超前性。任何决策都是针对未来行动的，是为了解决面临的、待解决的新问题以及将来会出现的问题，决策是行动的基础。

第二，目标性。决策目标就是决策所需要解决的问题，只有在存在问题必须解决的时候才会有决策。

第三，选择性。决策必须具有两个以上的备选方案，通过比较评定来进行选择。

第四，可行性。决策所做的若干个备选方案应是可行的，这样才能保证决策方案切实可行。所谓"可行"，一是指能解决预定问题，实现预定目标；二是方案本身具有实行的条件，如技术上、经济上都是可行的；三是方案的影响因素及效果可进行定性和定量的分析。

第五，过程性。决策既非单纯的"出谋划策"，又非简单的"拍板定案"，而是一个多阶段、多步骤的分析判断过程。决策的重要程度、过程的繁简及所费时间长短固然有别，但都必然具有过程性。

第六，科学性。科学决策并非易事，它要求决策者能透过现象看到事物的本质，认识事物发展变化的规律性，做出符合事物发展规律的决策。

决策在管理中的地位和作用，主要表现在以下方面。

①决策是决定组织管理工作成败的关键。一个组织管理工作成效大小，首先取决于决

策的正确与否。决策正确，可以提高组织的管理效率和经济效益，使组织兴旺发达；决策失误，则一切工作都会徒劳无功，甚至会给组织带来灾难性的损失。因此，对每个决策者来说，不是是否需要做出决策的问题，而是如何使决策做得更好、更合理、更有效率。

②决策是实施各项管理职能的保证。决策贯穿组织各个管理职能之中，在组织管理过程中，每个管理职能要发挥作用都是离不开决策的，无论是计划、组织职能，还是领导和控制等职能，其实现过程都需要决策。没有正确的决策，管理的各项职能就难以充分发挥作用。

（四）决策程序

1. 确定决策目标

决策目标是指在一定外部环境和内部环境条件下，在市场调查和研究的基础上所预测达到的结果。决策目标是根据所要解决的问题来确定的，因此，必须把握住所要解决问题的要害。只有明确了决策目标，才能避免决策的失误。

2. 拟订备选方案

决策目标确定以后，就应拟订达到目标的各种备选方案。拟订备选方案，第一步，分析和研究目标实现的外部因素和内部条件、积极因素和消极因素，以及决策事物未来的运动趋势和发展状况；第二步，在此基础上，将外部环境各不利因素和有利因素、内部业务活动的有利条件和不利条件等，同决策事物未来趋势和发展状况的各种估计进行排列组合，拟订出实现目标的方案；第三步，将这些方案同目标要求进行粗略的分析对比，权衡利弊，从中选择出若干个利多弊少的可行方案，供进一步评估和抉择。

3. 评价备选方案

备选方案拟订以后，随之便是对备选方案进行评价，评价标准是看哪一个方案最有利于达到决策目标。评价的方法通常有三种，重复经验判断法、数学分析法和试验法。

4. 选择方案

选择方案就是对各种备选方案进行总体权衡后，由决策者挑选一个最好的方案。

三、目标管理

1. 目标建立

目标的建立主要是指企业的目标制定、分解过程。由于企业目标体系是目标管理的依据，因而这一阶段是保证目标管理有效实施的前提和保证。从内容上看，企业目标首先明确企业的目的和宗旨，并结合企业内部环境和外部环境决定一定期限内的工作具体目标。

2. 目标分解

目标分解是把企业的总目标分解成各部门的分目标和个人目标，使企业所有员工都乐于接受企业的目标，以及明确自己在完成这一目标中应承担的责任。企业各级目标都是总目标的一部分，企业按组织管理的层次进行分解，形成目标连锁体系。

3. 目标控制

企业任何个人或部门的目标完成若出现问题都将影响企业目标的实现。企业管理者必须进行目标控制，随时了解目标实施情况，及时发现、协助解决问题。必要时，也可以根据环境的变化对目标进行一定的修正。

4. 目标评定

目标管理注重结果，因此对各部门、个人的目标必须进行自我评定、群众评议、领导评审。通过评价，肯定成绩、发现问题、奖优罚劣，及时总结目标执行过程中的成绩与不足，完善下一个目标管理过程。

四、组织

（一）组织的含义与类型

在管理学中，组织的含义可以从静态与动态两个方面来理解。从静态方面看，指组织结构，即反映人、职位、任务以及它们之间特定关系的网络。这一网络可以把分工的范围、程度、相互之间的协调配合关系、各自的任务和职责等用部门和层次的方式确定下来，成为组织的框架体系。从动态方面看，指维持与变革组织结构，以完成组织目标的过程。通过组织机构的建立与变革，将生产经营活动的各个要素、各个环节，从时间上、空间上科学地组织起来，使每个成员都能接受领导、协调行动，从而产生新的、大于个人和小集体功能简单加总的整体职能。

组织的类型，一般有正式组织与非正式组织。其中，正式组织一般是指组织中体现组织目标所规定的成员之间职责的组织体系。我们一般谈到组织都是指正式组织。在正式组织中，其成员保持着形式上的协作关系，以完成企业目标为行动的出发点和归宿点。非正式组织是在共同的工作中自发产生的，具有共同情感的团体。非正式组织形成的原因有很多，如工作关系、兴趣爱好关系、血缘关系等。非正式组织常出于某些情感的要求而采取共同的行动。

（二）划分组织部门的原则

1. 目标任务原则

企业组织设计的根本目的就是实现企业的战略任务和经营目标。组织结构的全部设计工作必须以此作为出发点和归宿点。

2. 责、权、利相结合的原则

责任、权利、利益三者之间是不可分割的，而且必须是协调的、平衡的和统一的。权利是责任的基础，有了权利才可能负起责任；责任是权利的约束，有了责任，权利拥有者在运用权利时就必须考虑可能产生的后果，不致滥用权利；利益的大小决定了管理者是否愿意担负责任以及接受权利的程度，利益大、责任小的事情谁都愿意去做，相反，利益小、责任大的事情人们很难愿意去做，其积极性也会受到影响。

3. 分工协作原则及精干高效原则

组织任务目标的完成离不开组织内部的专业化分工和协作，因为现代企业的管理，工作量大、专业性强，分别设置不同的专业部门，有利于提高管理工作的效率。在合理分工的基础上，各专业部门又必须加强协作和配合，才能保证各项专业管理工作的顺利开展，以达到组织的整体目标。

4. 管理幅度原则

管理幅度是指一个主管能直接有效地指挥下属成员的数目。由于受个人精力、知识、经验条件的限制，一个上级主管所管辖的人数是有限的，但究竟多少比较合适，很难有一个确切的数量标准。同时，从管理效率的角度出发，每一个企业不同的管理层次的主管的管理幅度也不同。管理幅度的大小同管理层次的多少成反比的关系，因此在确定企业的管理层次时，也必须考虑到有效管理幅度的制约。

5. 统一指挥原则和权利制衡原则

统一指挥是指无论对哪一件工作来说，一个下属人员都只应接受一个领导人的命令。权利制衡是指无论哪一个领导人，其权利运用都必须受到监督，一旦发现某个机构或者职务有严重损害组织的行为，可以通过合法程序，制止其权利的运用。

6. 集权与分权相结合的原则

在进行组织设计或调整时，既要有必要的权利集中，又要有必要的权利分散，两者不可偏废。集权是大生产的客观要求，它有利于保证企业的统一领导和指挥，有利于人力、物力、财力的合理分配和使用；而分权则是调动下级积极性、主动性的必要组织条件。合理分权有利于基层根据实际情况迅速而准确地做出决策，也有利于上层领导摆脱日常事务，集中精力抓大问题。

五、人员配备

（一）人员配备的任务

1. 物色合适的人选

组织的各部门是在任务分工基础上设置的，因而不同的部门有不同的任务和不同的工作性质，必然要求具有不同的知识结构和水平、不同的能力结构和水平的人与之相匹配。人员配备的首要任务就是根据岗位工作需要，经过严格的考查和科学的论证，找出或培训为己所需的各类人员。

2. 促进组织结构功能的有效发挥

要使职务安排和设计的目标得以实现，让组织结构真正成为凝聚各方面力量，保证组织管理系统正常运行的有力手段，必须把具备不同素质、能力和特长的人员分别安排在适当的岗位上。只有使人员配备尽量适应各类职务的性质要求，从而使各职务应承担的职责得到充分履行，组织设计的要求才能实现，组织结构的功能才能发挥出来。

3. 充分开发组织的人力资源

现代市场经济条件下，组织之间竞争的成败取决于人力资源的开发程度。在管理过程中，通过适当选拔、配备和使用、培训人员，可以充分挖掘每个成员的内在潜力，实现人员与工作任务的协调匹配，做到人尽其才，才尽其用，从而使人力资源得到高度开发。

（二）人员配备的程序

①制订用人计划，使用人计划的数量、层次和结构符合组织的目标任务和组织机构设置的要求。

②确定人员的来源，即确定是从外部招聘还是从内部重新调配人员。

③对应聘人员根据岗位标准要求进行考查，确定备选人员。

④确定人选，必要时进行上岗前培训，以确保能适用于组织需要。

⑤将所定人选配置到合适的岗位上。

⑥对员工的业绩进行考评，并据此决定员工的续聘、调动、升迁、降职或辞退。

（三）人员配备的原则

1．经济效益原则

组织人员配备计划的拟订要以组织需要为依据，以保证经济效益的提高为前提；它既不是盲目地扩大职工队伍，也不是单纯为了解决职工就业，而是为了保证组织效益的提高。

2．任人唯贤原则

在人事选聘方面，大公无私、实事求是地发现人才，爱护人才，本着求贤若渴的精神，重视和使用确有真才实学的人。这是组织不断发展壮大，走向成功的关键。

3．因事择人原则

因事择人就是员工的选聘应以职位的空缺和实际工作的需要为出发点，以职位对人员的实际要求为标准，选拔、录用各类人员。

4．量才使用原则

量才使用就是根据每个人的能力大小而安排合适的岗位。人的差异是客观存在的，一个人只有处在最能发挥其才能的岗位上，才能干得最好。

5．程序化、规范化原则

员工的选拔必须遵循一定的标准和程序。科学合理地确定组织员工的选拔标准和聘任程序是组织聘任优秀人才的重要保证。只有严格按照规定的程序和标准办事，才能选聘到真正愿意为组织的发展做出贡献的人才。

第二章　工商管理的相关基础管理

第一节　运营管理与质量管理

一、运营管理的主要内容

1. 运营管理的内容结构

运营管理主要研究企业如何高效地将输入端转换为市场需要的输出端，其关注的是企业产品或服务价值增值的全过程，因此必然涉及一些具体的思想和手段。与战略管理的宏观思维不同，运营管理更多的是强调将战略意图和市场需求落实到企业的整个生产或服务过程中，不仅要在效率上满足要求，还要在效果上与战略相匹配。

2. 运营思想与战略

运营思想与战略包括运营的本质、运营战略、运营系统的分类和组织市场分析。其中运营的本质与企业的效率、可持续性紧密关联，它奠定了人们对运营的系统认识，描述了企业创造价值的系列活动组合，即从输入端到输出端这一过程上的所有内容；运营战略是企业战略体系中的一个职能层级战略，它的核心是以企业愿景、使命和公司整体战略为方向和指导，系统设计和实施企业的运营活动，是运营管理过程和管理系统的根本性谋划，主要解决的是运营管理职能领域内如何支持和配合企业在市场中获得竞争优势等有关问题；运营系统的分类是从战略上将运营系统划分为结构性系统（包括设施选址、运营能力、纵向集成和流程选择等）和基础性系统（包括劳动力数量和技能水平、产品质量、生产计划和控制以及组织结构等）；组织市场分析是将未来的实际需求尽可能变得已知，其实际工作是进行预测，这其中包括了经济预测、技术预测以及需求预测。

3. 运营系统设计

运营系统设计包括设计与技术选择、选址与布置、工作设计与作业。运营系统设计要在企业运营战略的指引下，以确保运营系统的良好运行为目标，通常在企业创业、工厂或店面设施的建造阶段进行。由于运营系统设计涉及长期的责任，即设计决策一旦做出，将会影响后续的投资行为、运营成本、劳动力可能性等一系列问题，因此，运营系统设计非常重要。但这里并不是说运营系统设计一经完成就不能更改，事实上，在运营系统的生命周期内，不可避免地要根据企业内外部环境的变化对运营系统进行更新，包括为新增地点重新选址、扩建现有设施、增加新设备，抑或由于产品和服务的变化，需要对现有的运营设施进行调整和重新布置。不论是运营系统的初设还是更新与调整，都要涉及运营系统设计问题。

4. 运营系统运行

运营系统运行主要是指企业如何利用现有的运营系统适应外部市场变化，并针对顾客的需求，生产出适销对路的合格产品或提供令顾客满意的服务。其包含的内容较为丰富，主要有需求预测、作业计划、库存管理和项目管理等。在运营系统运行过程中，要充分发挥计划、组织与控制的基本职能。

首先，计划方面主要是解决生产什么、生产多少和何时生产的问题，要通过对需求的预测，确定产品或服务的品种指标、产量指标和质量指标，编制综合计划和主生产计划，确定产品生产的作业次序与进度安排，并利用物料需求计划做好原材料的采购。其次，组织方面是要通过对生产要素的组织安排，使有限的资源得到充分而合理的利用。最后，控制方面是要解决如何保证运营系统能按照作业计划标准完成任务的问题。为了保证运营任务的顺利完成，需要利用项目管理统筹规划运营项目的进度，并在必要时进行时间—成本或时间—资源的优化，还要利用形式多样的库存模型对订货、库存与成本进行控制，并结合计划的监督作用对生产进度进行控制。

5. 运营系统改进

运营系统改进主要是指如何通过质量管理、设备管理等手段对系统存在的缺陷与漏洞进行实时的改进与提升，主要包括业务流程再造、设备维护管理、精益生产方式等。业务流程再造、精益生产等先进工具的使用，有利于促进运营系统的不断改进与升级。

二、质量管理

（一）质量与质量管理的概念

质量管理是管理科学中的重要分支，也是工商管理专业课程体系中的一门核心课程。质量在西方的语境中本身就是好、有质量、质量好的意思。在用户的眼里，质量不是一件产品或一项服务的某一方面的附属物，而是产品或服务各个方面的综合表现特征。我们往往将质量作为衡量产品或服务优劣的一项指标，而质量的感知是因人而异的，不仅仅是从用户的角度出发，从企业的员工角度出发也会对质量有着不同的感知。人们对质量的评价往往有很大的主观性。质量的本质是用户对一种产品或服务的某些方面所做出的评价。

对于不同类型的产品或服务，质量的概念有不同的具体维度。在有形产品质量上，可划分的维度包括：①功能：实现产品主要用途的特性；②特殊性能：额外特性；③一致性：一件产品满足相关要求的过程；④可靠性：产品所具备性能的稳定性；⑤寿命：产品或服务正常发挥功能的持续时间；⑥美学性：外观，感受，嗅觉和味觉。而对于无形的服务质量水平，其测量的维度则包括：①便利性：服务的可接近性和可达性；②可靠性：独立、一致和准确地执行服务发生的能力；③责任心：服务人员自愿帮助顾客处理异常情况的责任感；④响应：提供服务的快捷性；⑤准确性：接待顾客的工作人员在该服务领域所具备的知识和提供可靠服务的技能；⑥周到：接待顾客的工作人员对待顾客的方式；⑦视觉感受：设施、设备、人员和用于沟通的硬件的直观表现。

（二）质量管理的主要内容

1. 质量管理的内容结构

质量管理是思想和工具的结合，包含了质量管理的理念、体系和方法，因此在内容结构上包括三个重要部分：第一部分要求质量管理者了解质量管理的基本理念，这些理念有时与我们的日常管理控制大相径庭；第二部分是质量管理的核心内容，即质量管理体系的建立；第三部分是质量管理工作中常用的工具和方法。

2. 质量的背景知识和基本理念

质量的背景知识和基本理念是学习质量管理的基础，主要包括组织中的质量认知、质量的理念与框架、质量管理的演化、国际知名质量奖项等。组织中的质量认知是指利益相关者对质量的界定，不同的认知带来组织对质量的不同界定与后续管理，这种界定决定了质量是从认知开始的，具有一定程度上的主观性。质量管理的理念和框架部分讲述不同质量管理大师的视角，这些理念在质量管理实践中成为指导组织进行质量管控的重要指导思想。质量管理的演化是指随着时间、技术的变化，质量管理的观念、工具和手段的发展变化历程。质量管理的国际知名奖项主要包括美国波多里奇质量奖、日本戴明奖以及欧洲质量奖，还包括中国质量奖和全国质量奖。

3. 质量管理的体系

质量管理的体系主要包括 ISO9000 系统、质量领导与计划、质量过程设计等。

ISO9000 系统是指国际标准化组织制定的国际标准之一，是指"由 ISO/TC176（国际标准化组织质量管理和质量保证技术委员会）制定的所有国际标准"，该标准可帮助组织实施并有效运行质量管理体系，是质量管理体系通用的要求和指南。我国在 20 世纪 90 年代将 ISO9000 系列标准转化为国家标准，随后，各行业也将 ISO9000 系列标准转化为行业标准；质量领导与计划是质量管理的战略思维，意味着将战略融入企业的战略计划中，将方针管理引入质量管理中，为组织指明正确方向；质量过程设计囊括了开发过程设计、制造过程设计、使用过程设计以及服务过程设计，强调过程质量的一套事前的体系化安排，其中包括了质量功能扩展、业务流程改善与再造等内容。

4. 质量管理的工具与方法

质量管理的工具与方法主要包括质量数据处理、统计过程控制、质量测量与判断、质量改进方法等。质量数据处理是指质量数据收集、整理、统计特征等方法；统计过程控制则应用统计技术对过程中的各个阶段进行监控，从而达到保证与改进质量的目的，强调全过程的预防；质量测量与判断是通过数据图示、统计的假设检验、统计推断、回归模型等一系列定性定量方法对质量进行测量和判断，从而为后续改进提供依据；质量改进方法是在质量判断的基础上，分析质量问题产生的原因后再有针对性地解决问题的方法，包括质量管理的老七种方法，即分层法、检查表法、因果图法、排列图、直方图、散布图、控制图，以及新七种方法，即 1977 年诞生于日本的七种新型工具，包括亲和图（又叫"KJ法"）、关联图、系统图、过程决定计划图（又叫"PDPC法"）、矩阵图、矩阵数据解析法、箭线图。当然，在质量管理过程中还会使用直方图、检查表、实验设计等方法对质量数据进行分析并有针对性地提出质量改进的方案。

第二节　财务管理与会计学

一、财务管理

（一）财务管理课程的特点和意义

1. 财务管理课程的特点

财务管理课程的性质属于管理学范畴，是一门以微观经济学为理论基础、以资本市场为课程背景、以现代企业为对象，阐述财务管理的基本理论和方法的应用性学科，是工商管理本科专业的必修课程。

财务管理是一门理论性与实务性比较强的学科，如筹资决策、投资决策的内容，既要求学生理解和掌握其相关的筹资和投资理论知识、方法，又要求学生具备筹资决策分析、投资决策分析运用的能力，能根据实际情况灵活运用这些理论知识、方法，解决实际中存在的问题。

财务管理的课程内容体系包括理论教学和实践教学两部分。理论教学涉及融资决策、投资决策、利润分配决策、营运资金管理等方面，实践教学包括课堂实践、课外实践和校外实践，各部分相互联系，是一个完整的体系。

2. 学习财务管理课程的重要意义

第一，学生通过学习和掌握财务管理，为将来从事财务管理的相关工作奠定基础。对工商管理专业的学生来说，财务管理学是必修的一门课程。学生通过学习和掌握财务管理，对财务管理的目标、意义、手段等方面将有更加深入的认识，掌握组织财务活动的基本方法和基本技能，并尝试利用所学到的理论知识进行分析和研究，可以说初步对财务管理工作入门，再加上其他相关专业知识，为将来顺利从事财务管理以及综合管理类工作奠定基础。

第二，财务管理是企业管理工作的重要组成部分。财务管理是企业的重要职能之一，以利润最大化为最终目标的企业，其目标的实现是以良好的财务管理为基础的。以财务管理为中心，要求企业不仅重视资本的营利性，即尽可能多地获得长期、稳定、实在的利润，而且要重视资本的流动性，即保持最佳的资本结构，提高资本利用率和资本利润率。学习财务管理，有利于工商管理学生了解企业的财务活动，为进行科学的管理决策提供坚实基础。

（二）财务管理的内容框架

1. 筹资管理

资金是企业的血液，是企业设立、生存和发展的财务保障，是企业开展生产经营业务活动的基本前提。任何一个企业，为了形成生产经营能力、保证生产经营正常运行，必须持有一定数量的资金。在正常情况下，企业资金的需求来源于两个基本目的：满足经营运转的资金需要，满足投资发展的资金需要。企业创立时，要按照规划的生产经营规模，核定长期资本需要量和流动资金需要量；企业正常营运时，要根据年度经营计划和资金周转水平，核定维持营业活动的日常资金需求量；企业扩张发展时，要根据生产经营扩张规模或对外投资对大额资金的需求，安排专项的资金。由此，就产生了筹资管理的概念。

筹资管理是指企业根据其生产经营、对外投资和调整资本结构的需要，通过筹资渠道和资本（金）市场，运用筹资方式，经济有效地筹集企业所需的资本（金）的财务行为。筹资的方式主要有筹措股权资金和筹措债务资金。筹资管理的目的是满足公司资金需求，降低资金成本，增加公司的利益，减少相关风险。

2. 投资管理

投资管理狭义上是一项针对证券的金融服务，广义上还包括实体商业投资、加盟连锁、创新项目投资管理等，从投资者利益出发并达到投资目标。投资者可以是机构，如保险公司、退休基金及公司或者是私人投资者。

所谓投资，一般是指把资金投入将来可能盈利的经营管理服务中去的行为。企业的投资必须以财务管理的目标为标准，遵循国家相关的财务管理规定，有效地配置资金，合理地使用资金，强化财务预算和财务监督，使资金的使用既合理又合法。

3. 营运资金管理

营运资金管理是对企业流动资产及流动负债的管理。一个企业要维持正常的运转就必须拥有适量的营运资金，因此，营运资金管理是企业财务管理的重要组成部分。

营运资金，从会计的角度看，是指流动资产与流动负债的净额。如果流动资产等于流动负债，则占用在流动资产上的资金是由流动负债融资；如果流动资产大于流动负债，则与此相对应的"净流动资产"要以长期负债或所有者权益的一定份额为其资金来源。从财务角度看营运资金应该是流动资产与流动负债关系的总和，在这里"总和"不是数额的加总，而是关系的反映，这有利于财务人员意识到，对营运资金的管理要注意流动资产与流动负债这两个方面的问题。

流动资产是指可以在一年以内或者超过一年的一个营业周期内实现变现或运用的资产，流动资产具有占用时间短、周转快、易变现等特点。企业拥有较多的流动资产，可在一定程度上降低财务风险。流动资产在资产负债表上主要包括以下项目：货币资金、短期投资、应收票据、应收账款和存货。

流动负债是指需要在一年或者超过一年的一个营业周期内偿还的债务。流动负债又称短期融资，具有成本低、偿还期短的特点，必须认真管理，否则，将使企业承受较大的风险。流动负债主要包括以下项目：短期借款、应付票据、应付账款、应付工资、应付税金及未交利润等。

4. 收益与分配管理

收益与分配管理是对企业收益与分配的主要活动及其形成的财务关系的组织与调节，

是企业将一定时期内所创造的经营成果合理地在企业内、外部各利益相关者之间进行有效分配的过程。企业的收益分配有广义和狭义两种概念。广义的收益分配是指对企业的收入和净利润进行分配，包含两个层次的内容：第一是对企业收入的分配；第二是对企业净利润的分配。狭义的收益分配则仅仅是指对企业净利润的分配。

企业通过经营活动取得收入后，要按照补偿成本、缴纳所得税、提取公积金、向投资者分配利润等顺序进行收益分配。对企业来说，收益分配不仅是资产保值、保证简单再生产的手段，同时也是资产增值、实现扩大再生产的工具。收益分配可以满足国家政治职能与组织经济职能的需要，是处理所有者、经营者等各方面物质利益关系的基本手段。

二、会计学

（一）会计学的特点及作用

1. 会计学的特点

会计是以货币为主要的计量单位，反映和监督一个单位经济活动的一种经济管理活动。其特点主要包括两方面：一是以货币计量为基本形式；二是连续、系统和完整地对经济活动进行核算和监督。

在商品经济条件下，一切商品都有价值，社会再生产过程中，商品的生产、交换、分配和消费等经济活动都是通过货币计量来综合反映的，会计离不开计算，要计算就需要运用一定的计量尺度。计量尺度主要有三类，分别是实物量单位、劳动量单位和价值量单位，由于实物计量单位存在着较大的差异性和劳动计量单位存在着复杂性的特点，这两种计量单位都不能对一定主体的经济活动进行综合的计量。而以货币为计量单位能克服实物量单位和劳动量单位的缺陷。货币作为一般等价物，能综合反映一定主体的经济活动。因此，现代会计的一个重要特征就是以货币计量为基本形式。

会计的另一个主要特点就是对经济活动的核算监督具有连续性、系统性、完整性。也就是说，会计作为一种管理活动，不是时有时无的，它是连续、系统、完整地对经济活动进行核算和监督。连续性是指会计是对一定主体的经济活动进行不间断的确认、计量、记录和报告。系统性是指会计核算必须用科学的方法，对一定主体的经济活动既要进行相互联系的记录，又要进行科学的分类，提供总括及详细的会计信息，以求得分门别类的经济指标。完整性是指在核算中凡是会计进行记录和计算的事项，都要毫无遗漏地加以记录和计算，不允许任意取舍，这样才能获得真实全面地反映经济活动的综合性指标。

2. 会计的作用

在我国，会计是按照国家的财经法规、会计准则和会计制度进行会计核算，提供以财务数据为主的经济信息，并利用取得的经济信息对会计主体的经济业务进行监督、控制，以提高经济效益，以及服务于会计主体内、外部的各有关方。从不同的角度分析会计的作用，可以对会计的作用有更全面的认识。

从企业角度分析，会计信息的形成可以加强经济核算，为企业经营者提供数据，保证企业投入资产的安全和完整，对于管理者绩效的反映及其报酬的取得、债务契约的签订、投资者的回报以及维护企业形象等多方面都有重要作用。

从个人角度分析，通过会计信息，投资者可以形成对企业的监督，为投资者提供财务报告，以便于其进行正确的投资决策。投资者最关注的莫过于该企业的财务状况，企业能否取得利润直接关系到其能否取得相应的投资回报。

从政府角度分析，政府可以根据会计报表的汇总信息进行有效的宏观调控，决定资源和利益的分配，使国家经济健康、有序地发展。

3. 学习会计学的重要意义

学习会计学对工商管理专业的学生具有重要的意义。首先，应明确会计学与工商管理专业之间的关系。工商管理是研究营利性组织经营活动规律以及企业管理的理论、方法与技术的学科。因此，工商管理专业涉及的范围非常广，包括了经济学和管理学的多门课程，但一般均会将会计学作为工商管理专业的基础课程。所以，从课程角度而言，会计学是工商管理专业的基础课程，它也是其他课程，如财务管理、财务分析等课程的基础。学好会计学，具备扎实的会计学基础，有利于培养学生牢固的专业功底。其次，从学生毕业后的职业选择结果来看，许多学生从事了会计职业岗位或与会计工作相关的一些岗位。会计学的学科知识对工商管理专业学生未来的职业发展也具有非常重要的作用。

（二）会计学的主要内容

1. 会计学的内容结构

会计是经济管理中的重要组成部分，它是以货币计量为基本形式，对会计主体（企业、事业、机关、团体等单位）的经济活动进行核算和监督的一种管理活动。会计是一种管理活动，这说明了会计的本质；对经济活动进行核算和监督是会计的职能。会计学主要包括以下两方面的内容：一是会计学基本概念，主要包括会计核算基础、会计要素与会计等式、账户设置；二是会计核算过程，主要包括企业基本经济业务，会计凭证、会计账簿、成本计算、财产清查和财务会计报告。

2. 会计学基本概念

(1) 会计核算基础

会计核算基础主要包括会计基本假设、会计信息质量特征、收付实现制与权责发生制。

会计基本假设即会计核算的基本前提，是指为了保证会计工作的正常进行和会计信息的质量，对会计核算的范围、内容、基本程序和方法所做的合理设定。会计基本假设是人们在长期的会计实践中逐步认识和总结形成的。结合我国实际情况，企业在组织会计核算时，应遵循的会计基本假设包括会计主体假设、持续经营假设、会计分期假设和货币计量假设。

会计信息质量要求是财务报告中所提供的会计信息对投资者等信息使用者决策有用所应具备的基本特征，包括可靠性、相关性、可理解性、可比性、实质重于形式、重要性、谨慎性和及时性。

由于会计分期的假设，产生了本期与非本期的区别，所以会计核算基础就有收付实现制和权责发生制的区别。

收付实现制是指以实际收到或付出款项作为确认收入或费用的依据。在这种会计基础下，凡在本期实际收到的现金（或银行存款），不论款项是否属于本期，均作为本期收入处理；凡在本期实际以现金（或银行存款）付出的费用，不论其是否在本期收入中得到补偿，均作为本期费用处理。权责发生制又称应收应付制或应计制，它与收付实现制相对，在这种会计基础下，凡属于本期已经实现的收入和已经发生或应当负担的费用，无论款项是否收付，均应作为当期的收入与费用；凡不属于本期的收入和费用，即使款项已经收付也不应作为当期的收入与费用。

(2) 会计要素与会计等式

会计要素是对会计对象的基本分类，是会计对象的具体化，是反映会计主体的财务状况和经营成果的基本单位。企业会计要素分为六大类，即资产、负债、所有者权益、收入、费用和利润。其中，资产、负债和所有者权益三类会计要素主要反映企业的财务状况，财务状况是指企业一定日期的资产及权益情况，是资金运动相对静止状态时的表现，所以资产、负债和所有者权益又称为静态会计要素；收入、费用和利润三类会计要素主要反映企业的经营成果，经营成果是指企业在一定时期内从事生产经营活动所取得的最终成果，是资金运动显著变动状态的主要体现，所以，收入、费用和利润又称为动态会计要素。

在企业的生产经营过程中，各项会计要素相互联系，它们之间客观上存在着一定的数量恒等关系。用数学方程式表示的会计要素之间的等量关系，称为会计等式，会计等式主要包括静态等式和动态等式。静态等式是指由三个静态会计要素形成的会计等式，即：资产＝负债＋所有者权益。这是最基本的会计等式。动态等式是指由三个动态会计要素形成的会计等式，即：收入－费用＝利润。

（3）账户设置

账户设置主要包括会计科目、账户和复式记账法三个方面。

会计科目是对会计要素按照经济内容所做的进一步分类。每一个会计科目都要明确反映特定的经济内容。例如，资产要素中要进一步划分为流动资产、固定资产等，因为它们具有不同的经济内容。流动资产各个组成部分也有不同的经济内容，相应地分为"库存现金""银行存款""应收账款""原材料""产成品"等，由此产生了"库存现金""银行存款""应收账款""原材料""产成品"等会计科目。设置会计科目，可以对会计对象的具体内容进行科学分类，便于会计分类，反映和监督企业的经济活动，为编制凭证、账簿和报表提供依据，从而有利于会计信息的收集、分析和汇总，提高会计工作的质量和效率。

设置会计科目只是解决了会计数据的分类，而会计数据的分类记录则需要通过设置账户来完成。账户是根据会计科目设置的，用以分类记录并初步加工有关数据的工具。例如，根据"库存现金""银行存款"科目，可以设置"库存现金"账户、"银行存款"账户，用以记录库存现金和银行存款的收款、付款和结存数据；根据"产成品"科目，可以设置"产成品"账户，用以记录产成品的收入、发出和结存数据。可见，只有设置账户才能按照会计科目分门别类地记录有关分类数据，以便进一步加工处理，形成更全面、更系统的会计信息。可以说，账户是建立任何会计核算系统的基础。

将发生的各项经济业务记录于会计账户中，还必须采用一定的记账方法。目前采用的记账方法为复式记账法。复式记账法是以资产与权益平衡关系作为记账基础，对每一笔经济业务都要以相等的金额在两个或两个以上相互联系的账户中登记，系统地反映资金运动变化及其结果的一种记账方法。采用复式记账法，能全面反映每一笔经济业务的来龙去脉，能全面反映会计主体的全部经济活动，便于检查账户记录的正确性。迄今为止，国际通用的复式记账方法为借贷记账法。

3. 会计核算过程

会计核算过程是指企业根据发生的基本经济业务填制或取得原始凭证，按照设置的会计科目和账户，运用复式记账法填制记账凭证。根据填制的记账凭证，按照预先设置的账户，采用复式记账法对交易或事项登记账簿。在登记账簿的基础上，根据账簿和其他相关资料，对生产经营过程中发生的各项费用进行归集和分配，计算产品成本；并采用财产清查的方法对企业财产物资的实有数进行清查盘点，将清查盘点结果与账簿记录相核对，以保证账实相符；最后根据账簿资料编制财务会计报告。

（1）企业基本经济业务

企业基本经济业务主要包括以下五种：筹资业务、采购业务、生产业务、销售业务和利润的形成与核算。

企业的生产经营过程是以生产过程为中心，实现供应过程、生产过程和销售过程三者的统一。首先，企业为了保证生产过程的进行，需要筹集资金购置生产经营必需的原材料、固定资产等，并将其投入生产过程中。其次，通过生产过程，对劳动资料进行加工，把各项资产投入生产，制造出满足社会需要的各种产品。最后，在销售过程中，通过销售产品以实现收入补偿生产耗费，收回货币资金或产生债权。另外，在销售过程中还会发生各种诸如包装、广告等销售费用，需要计算并及时缴纳各种销售税金，并结转销售成本。供应过程—生产过程—销售过程，构成企业的生产经营活动，三个过程周而复始，循环往复。

对企业利润的实现，一部分要以所得税的形式上缴国家，另一部分即税后利润，要按照规定的程序进行合理的分配。通过利润分配，一部分资金要退出企业，另一部分直接以公积金等形式继续参与企业的资金周转。上述业务综合在一起，形成了企业的全部会计核算内容。

（2）会计凭证

会计凭证是记录经济业务事项发生或完成情况，明确经济责任的书面证明，也是登记会计账簿的依据。各单位每天都要发生大量的经济业务，为了正确、真实地记录和反映经济业务的发生和完成情况，保证会计核算资料的客观性、合法性，任何单位在处理任何经济业务时都必须由执行和完成该项经济业务的有关人员，从单位外部取得或自行填制有关凭证，以书面形式记录和证明所发生的经济业务性质、内容、数量、金额等，并在凭证上签名或盖章。任何会计凭证都必须经过有关人员的严格审核、确认无误后，才能作为登记会计账簿的依据。

会计凭证按照编制的程序和用途不同，分为原始凭证和记账凭证两种。原始凭证又称单据，是在经济业务发生或完成时取得或填制的，用以记录或证明经济业务的发生或完成情况的原始凭据，是会计核算的重要原始资料。记账凭证又称记账凭单，是会计人员根据审核无误的原始凭证，对经济业务按其性质加以归类，并据以确定会计分录后所填制的会计凭证，是登记会计账簿的直接依据。

（3）会计账簿

登记账簿是以会计凭证为依据，运用复式记账的方法，对发生的交易、事项按照先后顺序，分门别类地记入有关账簿的一种专门方法。会计账簿简称账簿，是由具有一定格式、互相有联系的若干账页组成。

为了满足经营管理的需要，企业所使用的账簿种类较多，用途和形式各异，相互之间构成了严密的账簿体系。会计账簿的设置包括确定账簿的种类，设计账页的格式、内容和规定账簿登记的方法等。各单位应根据经济业务的特点和管理要求，科学合理地设置账簿。在登记账簿时，要依据会计凭证进行登记，书写要规范，账页登记要完整，内容登记齐全，避免记账遗漏或重复登账。

（4）成本计算

成本计算是指在生产经营过程中，按照一定的成本计算对象归集和分配各种费用支出，以确定各成本计算对象的总成本和单位成本的一种专门方法。

成本计算要遵循成本计算的原则，严格执行国家规定的成本开支范围和费用开支标准，正确划分各种支出及费用的界限，根据生产特点和管理要求，采用适当的成本计算方法和成本计算组织形式，按照确定成本计算对象，确定成本计算期，确定成本项目，收集成本计算资料，按成本项目归集、分配生产费用，编制成本计算表的成本计算步骤进行成本计算。

企业在生产过程中，要分别计算材料采购成本、产品生产成本和产品销售成本。在计算各种成本时，都要按照成本计算对象，在有关的成本项目中归集和分配费用；要分清直接费用和间接费用，直接费用应直接计入，间接费用应选择一个合理的分配标准，经计算分配计入各有关成本计算对象。

（5）财产清查

财产清查是指通过对实物、现金进行盘点，对银行存款和债权、债务进行核对，确定财产的实存数额，并查明实存数额与账存数额是否相符的一种专门的会计核算方法。

财产清查的盘存制度，是指通过对财产物资的实物盘查、核对来确定其实际结存情况的一种制度。在会计实务中，盘存制度一般有永续盘存制和实地盘存制两种。

永续盘存制，又称账面盘存制，是指以账簿记录为依据来确定财产物资账面结存数量的一种方法。这种制度的特点是平时对各项财产物资的增加数和减少数，都要根据会计凭证连续计入有关账簿，并随时结出账面结存数量。

实地盘存制是指在期末以具体盘点实物的结果为依据来确定财产物资结存数量的一种方法。采用这种方法，平时在账簿中只登记财产物资的增加数，不登记减少数。到了期末，对各项财产物资进行盘点，再根据实地盘点所得的实存数来倒挤出本期的减少数，然后完成账面减少和结存的记录，使账实相符。

财产清查是一项涉及面广、业务量较大的会计工作，为了提高清查效率，保证清查工作质量，必须采取科学、合理的方法对不同的清查内容采用不同的财产清查方法。

（6）财务会计报告

财务会计报告是企业对外提供的反映企业某一特定日期财务状况和某一会计期间经营成果、现金流量等会计信息的文件，包括会计报表、会计报表附注以及其他应当在财务会计报告中披露的相关信息和资料。

会计报表又称财务报表，是根据日常核算资料编制的反映企事业单位一定时期财务状况和经营成果等情况的总结性表格文件。会计报表至少应当包括资产负债表、利润表、现金流量表、所有者权益变动表和附注。

资产负债表是反映企业某一特定日期财务状况的会计报表。它是根据"资产=负债+所有者权益"这一会计等式，依照一定的分类标准和顺序，将企业在一定日期的全部资产、负债和所有者权益项目进行适当分类、汇总、排列后编制而成。

利润表又称损益表，是反映企业在一定会计期间经营成果的报表。利润表的编制依据"收入-费用=利润"这一公式。利润表的格式主要有多步式和单步式两种。按照我国会计准则的规定，我国企业的利润表采用多步式。

现金流量表是指反映企业在一定会计期间现金和现金等价物流入和流出的报表，属于动态报表。所有者权益变动表是指反映所有者权益（股份公司为股东权益）各组成部分当期增减变动情况的报表。

报表附注是对在资产负债表、利润表、现金流量表和所有者权益变动表等报表中列示项目的文字描述或明细资料，以及对未能在这些报表中列示项目的说明等。

第三节　公司治理与经济决策

一、公司治理

（一）公司治理的特点与学习意义

1. 公司治理的特点

公司治理，从广义角度理解，是研究企业权力安排的一门科学；从狭义角度理解，是通过公司内部的治理结构和外部的机制来监督和控制经理人员的行为，以保护股东及所有利益相关者的利益。公司治理学具有以下特点：

（1）科学性和艺术性

公司治理学作为管理学科领域下的一门独立学科，同样既具有科学性又具有艺术性。公司治理学首先具有科学性的特征。公司治理学的整套理论体系是基于公司的经营和实践活动，是对公司实践活动的归纳和总结，而且已经经过了时间和实践的检验，是一个合乎逻辑的、能反映公司治理客观规律的知识体系。公司的治理行为是可以利用已有的理论和知识进行指导和解释的，是有章可循的，而不是盲目的，因此具有科学性的特征。公司治理学还是一门艺术。公司治理学的艺术性是指公司在发展过程中，面对无法用现有理论来解释和指导的新的治理问题时，就需要依靠公司经营者的直觉和判断，这样的直觉和判断所体现的正是公司治理的艺术性。

公司治理的科学性和艺术性相互联系。治理的艺术性是治理的科学性的来源之一，治理的科学性是对基于治理的艺术性所形成的治理的感性认识的明确化、条理化、规律化。

（2）技术性

对公司而言，只有治理理论是不够的。现实中，每个行业和公司内部环境和外部环境都各有不同，使科学的治理理论在每个行业和公司中的应用都各不相同，因此必须要有能把治理理论付诸实践的治理方法、治理技巧和治理手段。公司治理学的技术性是指把已经科学化的治理理论知识具体化。公司治理学的技术性是治理的科学理论应用于公司治理实践的一个不可或缺的必要环节。没有治理的科学性，治理的技术性是无从谈起的；没有治理的技术性，治理的科学性就无从谈起。

（3）文化性

任何一种公司治理理论都是在一定的文化背景下形成的。起源于美国的公司治理理论是在美国的社会文化背景下形成的，是对美国社会文化的折射和反映。同样，在考虑我国的公司治理问题时也必须要考虑我国的情境。因此，当我们探索一种公司治理理论时必须和当时的社会文化背景结合起来；当我们学习借鉴国外先进的公司治理经验时也要考虑到文化的差异，把国外的先进理论和经验与我国的社会文化结合起来。

2. 学习公司治理学的重要意义

自1911年泰勒出版了其代表作《科学管理原理》以来，围绕着管理的基本理论，逐步形成了财务管理、战略管理、生产管理、营销管理、人力资源管理等专业的管理学科。公司治理作为近年来形成的新兴学科，在管理学科领域中处于什么样的位置，是一个需要明确的问题。

我们可以从公司治理学与其他专业管理学的区别来入手，明确公司治理学在管理学领域中的地位。简单来说，公司治理学与其他专业管理学的主要区别主要表现在：①公司治理学是战略导向的，关注的问题是"公司向何处去"；其他专业管理学更多是任务导向型的，关注的问题是"公司如何能到那里"。②公司治理学侧重的是对公司的决策与经营管理进行监督与控制；而其他专业管理学则侧重于具体的业务经营管理。③公司治理学的主要作用在于保证公司决策的科学化和具体管理的正当性与有效性；而其他专业管理学的作用体现在如何使专业经营管理更有效率和效力。

（二）公司治理的主要内容

1. 公司治理学的内容结构

所谓公司治理是指通过一套正式或者非正式、内部或者外部的制度或机制来协调公司与所有利益相关者之间的利益关系，以保证公司决策的科学化，从而最终维护公司各方面利益的一种制度安排。

在这一制度安排中，股东及其他利益相关者借助公司的内部治理结构和外部治理机制来共同参与公司治理，公司治理的目标不仅仅局限于股东利益的最大化，还需要确保公司决策的科学化，从而保证包括股东在内的所有利益相关者的利益最大化。因此，公司治理的核心和目的是保证公司决策的科学化，而利益相关者之间的相互制衡仅仅是确保公司决策科学化的方式和途径。

公司治理的内容主要包括理论基础、内部治理、外部治理、治理模式与评价等几个方面。

2. 公司治理的理论基础

（1）古典管家理论

在这种理论下，企业被看作具有完全理性的经济人，并认为所有者和经营者之间是一种无私的信托关系。主要观点有：其一，在完全信息的假设下，经营者没有可能违背委托人的意愿去管理企业，因此不存在代理问题；其二，在完全信息的假设下，公司治理模式不再重要；其三，基于完全信息假设下的管理理论对研究现代公司治理不具有任何意义。因为在完全竞争和完全信息的市场条件下，不存在委托者与经营者之间的利益冲突，公司治理表现为股东至上。

（2）委托代理理论

信息经济学是20世纪60年代以来经济学的一个重要研究领域，其对古典经济学的根本性突破表现在放弃对完全信息和无私性的假设。由此对新古典经济学产生了质疑：完全信息的假设背离了客观现实。在现代股份制企业所有权与经营权分离的情况下，股东并不直接经营企业，而是将资产的经营权授权给经营者，股东和经营者之间就形成了一种委托代理关系。但是，由于人的自私性，经营者作为代理人具有机会主义倾向，他们可能以股东权益为代价谋求自身利益的最大化，即出现了委托代理关系中的机会主义行为或者道德风险问题。因此，建立一套完善的公司治理结构来规范委托代理关系各方的行为，并对经营者的机会主义行为进行控制，使其决策符合委托人的利益是非常必要的。

（3）现代管家理论

基于完全信息假设下的古典管家理论显然不符合客观事实，不完全信息的存在使该理论无法解释现代企业中存在的两职分离与合一的现象。代理理论对经营者内在机会主义和偷懒的假定是不合适的，而且经营者对自身尊严、信仰以及内在工作满足的追求会促使他们努力经营公司，成为好的管家。

（4）利益相关者理论

上述三种理论都把利益相关者的利益排除在外。现代公司治理理论下的利益相关者理论除考虑委托人和代理人之间的关系外，还考虑了雇员、供应商、债权人等利益相关者。

国内外关于公司治理的研究主要以委托代理理论和信息不对称理论作为公司治理结构的理论基础。

3. 内部治理

内部治理指企业内的制度安排，主要包括股东权益、董事会和监事会、独立董事和高层管理的激励和约束等内容。

从法律的角度来讲，所谓权益就是当事人依法享有的权利和利益，表示当事人由于付出某种代价可对关系自身利益的行为施加影响，并且依法从该项行为的结果中取得利益。股东权益的存在要以向公司提供资产为基础，即股东基于其对公司投资的那部分财产而享有的权益。股东权益与债权人权益有所差别，股东因其所持有的股份不同而不同，具体分为普通股股东权益和优先股股东权益。

董事会是现代企业制度发展到一定程度的产物。在现代公司制企业中，由于股东人数众多，受管理成本的制约，只能每年举行为数不多的几次股东大会，而无法对公司的日常经营做出决策，因此公司需要一个常设机构来执行股东大会的决议，并代表股东来选聘、监督和解聘经理人员。从各国公司治理结构的形式来看，大致分为两种：单层制和双层制。其中，单层制的结构中只设董事会而不设监事会，执行职能与监督职能合一；而双层制的结构中既设董事会又设监事会，执行职能和监督职能分开。董事会和监事会的设置和运行对公司治理效率具有直接的影响。

独立董事制度是现代公司制度的衍生物。所谓独立董事，是指不在公司担任除董事外的其他职务，并与所受聘的公司及其主要股东不存在可能妨碍其进行独立客观判断的关系的董事。引入独立董事的根本意义就在于通过独立董事对公司重大决策过程的参与，监督经理人员，促进科学决策，从而最大限度地保护投资者的利益，增加公司价值。独立性和决策参与是独立董事制度的两大基石。

高层管理者的激励和约束机制也是公司治理制度的核心内容之一。由于公司治理中的代理成本与道德风险问题仅依靠监督与制衡不可能解决，因此需要设计有效的激励机制。激励机制从本质上来看，是关于所有者与高层管理者如何分享经营成果的一种契约。约束机制则是公司的利益相关者针对高层管理者的经营结果、行为或决策所进行的一系列客观而及时的审核、监察与督导行为。

4. 外部治理

外部治理是由市场力量推动而做出的制度安排，主要包括证券市场与控制权配置、机构投资者治理等内容。

在公司治理体系中，证券市场在外部治理中占有十分重要的地位。在证券市场中进行控制权配置又是公司外部治理的重要方式之一，对公司技术进步、产品结构调整、竞争能力提高以及生产要素的优化组合具有重要的意义，具体来说，包括兼并收购和资产剥离两种形式。在证券市场中，政府也是重要的治理参与者，政府通过相关机构的监管和法律监管，对证券市场和上市公司进行监管，强制性信息披露制度就是最重要的制度之一。

在资本市场中，对投资者按照资金的多寡来进行划分，可以分为机构投资者和个人投资者。相对于个人投资者，机构投资者资产规模巨大，持股量多，其监督成本投入以后能带来较为丰厚的监督收益，因此，机构投资者相对于个人投资者更愿意通过"用手投票"的方式来参与公司的经营管理，监督经理人员，这在很大程度上有助于提高上市公司的治理水平。

5. 治理模式与评价

治理模式与评价主要是从宏观的角度，对现有的比较典型的治理模式及评价方式进行介绍。

由于各国经济制度、历史传统、市场环境、法律观念及其他条件的不同，公司的治理模式，即制度安排形式也不尽相同。目前，比较典型的公司治理模式有三种：外部控制主导型模式、内部控制主导型模式、家族控制主导型模式。

评价是人们对某个特定客体的判断，是主观对客观的认知活动。公司治理评价实质上就是一种企业制度及运作效果的评价。公司治理评价对缓解投资者的信息不对称程度、提升证券监管部门的监管效率、完善资本市场、提高上市公司竞争力水平具有重要的作用。

二、经济决策

（一）决策学的特点及学习的意义

1. 决策学的特点

（1）高速化

社会、经济和科技的迅猛发展和迅速变化对决策提出了高速化的要求，时间的价值在现代决策中表现得极为突出和明显。

（2）准确化

现代决策必须做到准确，这主要指决策信息要有质（概念、性质）的准确和量（范围、幅度）的准确。

（3）相关化

现代决策面临交织多变的事物，往往"牵一发而动全身"，尤其是高层决策更是如此。所以，现代决策必须全面考虑各种相关因素。

（4）网络化

决策系统的结构将一改传统的直线式和"金字塔形"，而趋向纵横交叉的短阵网络和立体网络，在横向联系中从多维空间取得信息，从而获得生命力。

（5）两极化

现代决策活动趋向于把大量规范性决策向下转移，由中下层决策者和计算机来完成；高层决策者主要承担起战略性的和随机非程序化决策，将精力转移到保证和提高决策的可行性和有效性上来。

2. 学习决策学的意义

决策学是人类、社会、国家、团体、个人不可缺少的、时刻都需要的知识和科学。决策学是一门新兴的、横跨自然科学与社会科学的"大学科"。人类每时每刻都在进行不同范围、不同对象、不同角度、不同性质、不同需要的决策。

第一，决策学作为自然科学和管理科学的结合，大到国家、社会，小到个人都离不开决策，迫切需要科学的决策理论和决策方法为人类社会服务。人类的决策活动尽管有悠久的历史，决策活动的历史上尽管出现过不少决策技艺高超的人物，但决策学作为一门学科，还是最近几十年的事。对决策者来说，面对瞬息万变的现代环境，为了提高决策系统的准确性必须做到科学决策。

第二，决策学是从哲学、方法学、谋略学及当代智囊演变而来。决策，作为人类智慧的结晶和思维活动，是多层次、多性质、多样式的，是"治国、立身、团体发展的根本大计"，是"审时、料敌、造势、用谋之根本，始计之大法"。决策学首先要带有指导性、原则性、方向性，所以它能帮助人提高思想理论水平，在考虑和处理问题时不犯大错误。其次，在决策指导下，制定一系列具体的方法、措施，更好地解决问题。审时，作为一个合格的决策家，必须首先懂得时势和大局才不会犯方向性、时代性错误。料敌，决策家"知己知彼，百战不殆"，不了解对手的情况就不能也无从决策。造势，即创造一种不利于对手而利于自己的态势、环境。虑谋，具备了上述前提条件，周到地思考战胜对手的具体的谋略方法和措施。所以，人们必须掌握决策的方法，即决策科学才会成为优秀的决策家。

（二）经济决策的内容

1. 经济决策的内容结构

在现代管理科学中，对决策有两种理解：一种是狭义的理解，认为决策就是做出决定，即从不同的备选方案中选出最佳方案；另一种则是广义的理解，把决策看作一个分析过程，即人们为了实现某一特定目标，在占有一定信息和经验的基础上，根据主客观条件的可能性提出各种可行方案，采用一定的科学方法和手段进行比较、分析和评价，按照决策标准从中筛选出最满意的方案，并根据方案实施的反馈情况对方案进行修整控制，直至目标实现的整个系统过程。

我们在学习经济决策的过程中，也是将其看作政府、企业以及个人在确定行动决策或方案以及选择实施这些决策或方案的有效方法时所进行的一系列活动。

2. 决策的分析步骤

决策分析是一个系统的过程，由科学的决策步骤组成，这一整体被称为科学的决策过程。科学的决策步骤反映了决策分析过程的客观规律，使决策过程更加结构化、系统化和合理化。一般来说，合理、科学的决策过程必须包括以下五个步骤：发现与分析问题；确定决策目标；拟订各种可行的备选方案；分析、比较各种备选方案，从中选出最优方案；决策的执行、反馈与调整等。

第一，问题的存在是决策分析的前提，所有的决策分析都是为了解决特定的问题而进行的。在发现问题以后，首先需要准确地对问题加以界定，而后根据既有的相关问题找出其中可能存在的原因，并根据实际掌握的或进一步收集的事实资料对假设的可能原因进行验证，从而为发现问题的真相奠定基础。

第二，目标是在一定的环境和条件下，决策系统所期望达到的状态，是拟订方案、评估方案和选择方案的基准，贯穿决策过程的每个环节，在决策分析中具有十分重要的作用，也是衡量问题是否得以解决的指示器。

第三，拟订方案是寻找解决问题、实现目标的方法和途径。作为决策者而言，需要在客观条件及自身条件的约束下，根据决策目标及收集整理的相关信息，尽可能地拟订出多个可行的备选方案。

第四，选择方案是决策分析中最为关键的一个步骤。只有对各种方案进行科学而严谨的分析与评估，方案的选择才具有科学性。在分析和评价备选方案的过程中，需要依据一定的标准对备选方案排序，进而从几个较为满意的方案中选择一个最佳方案。因此，评价标准在这一环节中就显得尤其关键，目前主要有"最优"标准、"满意"标准和"合理"标准可供选择。

第五，选定了方案并不意味着决策过程的结束，理论的可行与否还需要实践来进行检验。要保证方案最终可行，必须将方案付诸实施。在实施方案的过程中，需要实时对这一过程进行追踪控制，针对实施过程中出现的新情况、新问题，以及当初在确定目标、拟订决策方案、选择方案中未曾考虑的因素加以调整和修订，从而提高决策分析的科学性，增强决策方案的实用价值，更好地指导人们的行动。

3. 确定型决策分析

确定型决策是指只有一种完全确定的自然状态的决策。在确定型决策中，自然状态只有一种，决策环境完全确定，问题的未来发展只有一种确定的结果，决策者只要通过分析、比较各个方案的结果就能选出最优方案。

运筹学是辅助决策的重要工具之一，线性规划、非线性规划、动态规划、图与网络等方法都是进行确定型决策分析中常用的方法。具体的确定型决策问题一般涉及的就是现金流量及货币的时间价值与计算、盈亏决策分析、无约束确定型投资决策、多方案投资决策等。

4. 风险型决策分析

风险型决策也称随机型决策，是决策者根据几种不同的自然状态可能发生的概率所进行的决策。风险型决策分析是在状态概率已知的条件下进行的，一旦各自然状态的概率经过预测或估算被确定下来了，在此基础上的决策分析所得到的最满意方案就具有一定的稳定性。只要状态概率的测算切合实际，风险决策就是一种比较可靠的决策方法。

若状态概率已知且较为确定，决策树分析法是较为常用的方法，借助于若干节点和分支构成的树状图形，可以形象地将各种可供选择的方案、可能出现的状态和概率，以及各方案在不同状态下的条件结果值简明地绘制在一张图表上来进行计算和比较。

若状态概率不明确，则需要通过调查对先验状态信息进行补充和修正，那么贝叶斯决策方法就较为适合。从理论上来看，利用补充信息来修正先验概率，可以大大提高决策的准确度，从而提高决策的科学性和经济效益。

无论是利用决策树分析法还是贝叶斯决策方法，都是通过计算期望值损益来进行决策，而忽略了决策者的主观作用。而事实上，风险决策都带有较强的主观色彩，因此，通过引入效用值来考察决策者对风险的态度，分析不同风险承受能力的决策人面对相同问题做出不同决策的原因，更具有现实意义。

5. 不确定型决策分析

不确定型决策，就是在决策的过程中，只知道可能出现的各种自然状态，而无法确定各种自然状态发生的概率。在不确定型决策问题中，由于行动后果随状态不同而异，而状态发生的概率又不为决策者所知悉，为什么一个方案优于另一个方案就成为十分值得研究的问题。

对不确定型决策，其决策的准则包括乐观决策准则、悲观决策准则、折中决策准则、后悔值决策准则和等概率决策准则等。在进行非确定型决策时，决策者的主要意志、胆识、经验、判断能力等素质占据了重要的地位，对同一个不确定型决策问题，不同的决策者依据不同的决策准则会得到不同的决策结果。对这些不同的决策结果，没有一个统一的标准来评判到底哪个好、哪个不好。因此，在不确定型决策中，对决策者的要求就显得更高了。

6. 多目标决策分析

无论是确定型决策、风险型决策，还是不确定型决策，都属于单目标决策，而我们在日常生活中所遇到的决策问题往往都更加复杂，需要同时满足多个目标，这些目标之间有的相互联系、有的相互冲突，十分复杂。

在单目标决策中，决策准则一般都较为简单，我们需要做的就是选择一个合理的决策准则，然后进行比较和优选。对多目标决策，合理地选择和构建准则体系同样十分关键。根据不同的情况，通常有单层次、序列型多层次、非序列型多层次三大类目标准则体系。具体主要有多维效应合并方法、层次分析方法和 DEA 方法等。

7. 竞争型决策分析

无论是单目标决策还是多目标决策，其决策现象基本上都是决策者面对市场做出自己的最优选择。但在现实生活中，很多情况下，决策者在做出选择时，不仅要考虑决策中不同选择的自然状态，还需要考虑对手的选择，例如，经济领域不同的公司要在同一个市场中争夺市场份额。对于这类竞争型决策，需要利用博弈论的方法来分析。

博弈论是研究理性的决策者之间的冲突与合作的理论，它不仅仅局限于站在某个决策方的立场上去针对其他方的决策，而是从广义的角度分析在决策过程中决策主体之间相互制约、相互作用的规律，用以指导各决策方的合理决策。

在博弈论中，可以依据博弈参与人的行动顺序和掌握的信息来分类，综合起来可以得到四种类型的博弈，即完全信息静态博弈、完全信息动态博弈、不完全信息静态博弈、不完全信息动态博弈。这四类综合博弈都属于非合作性质的博弈，即无法通过强制执行的合作协议将多个博弈方策略转化为单一利益主体的决策，需要应用博弈分析来找到最优策略。

第三章　生产管理与物流管理

第一节　生产管理

一、生产计划

（一）生产计划概念及生产计划工作

1. 生产计划的概念

有关生产中第一个需要考虑的就是生产的计划问题。那什么是生产计划呢？

生产计划是关于企业生产系统总体方面的计划，它具体规定企业在计划期内应当生产的产品品种、质量、数量、产值、生产期限和生产能力的利用程度等计划指标。生产计划是企业在计划期内完成生产目标的行动纲领，也是编制其他各项计划的基础。

2. 生产计划工作

生产计划工作是指生产计划的具体编制工作。生产计划工作的基本任务是：通过生产计划，统筹安排企业在计划期内的生产任务，把企业的生产同社会需要密切结合起来，充分挖掘企业内部潜力，合理利用资源，为合理组织生产活动指明方向，从而保证全面完成订货合同所规定的生产任务和各项计划任务，满足社会需要，提高企业经济效益。

企业生产计划工作的内容包括：需求调查与预测；确定生产指标，进行生产能力的核定和平衡；安排产品生产进度；组织实施计划；等等。

生产计划的质量关系到企业的利润目标和对市场需求的满足程度，关系到企业生产能力的利用程度和成本水平的高低。所以，生产计划编制部门应从战略高度看待企业自身的生产计划，应力争编制一个优化的生产计划并加以落实。

（二）生产计划的系统结构

从系统的观点来看，生产计划是一个由若干分计划构成的计划系统，并可按不同的标志进行分类。如：

按计划的执行部门可分为厂级生产计划、车间生产计划和班组生产计划。按企业的组织机构的对应关系可分为战略层计划、执行层计划和作业层计划。按计划的时限可分为长期计划、中期计划和短期计划三种类型。

第一，长期生产计划：也称生产战略计划或远景规划。它的计划期跨度一般为3~5年，也可长达10年或更长。它是企业经营战略的组成部分，即有关产品开发、总产值、总产量、质量、生产能力规模、品种结构优化、资源发展等方面的长远的统筹安排。长期生产计划要根据企业长期经营目标、环境预测和企业各种资源计划、财务计划的可能进行动态平衡来确定。长期生产计划是指导中期生产计划的一个纲领性文件。

第二，中期生产计划：中期计划的时间期一般为1~2年。主要包括两种计划：年度生产计划（生产计划大纲）和产品出产进度计划。制订中期生产计划，要依据长期生产计划规定的年度任务、销售预测、生产技术准备计划和企业产能计划等。

①年度生产计划又称生产计划大纲，规定企业在计划年度内的生产目标。它用一系列指标来表示，以规定企业在品种、质量、产量和产值等方面应达到的水平。年度生产计划的编制依据是对产品需求的预测，以及长期计划对当年提出的任务要求。它的作用是通过总量指标来核算和检查全年的生产能力能否满足需要，以便对任务与能力进行平衡，并使达到平衡的计划保证应有的经济效益。

②产品出产进度计划是将年度生产计划（生产计划大纲）具体化为按产品品种规格来规定的年度分月的产量计划。这种计划一般每半年编制一次，也可以按更短的时间周期进行滚动更新。制订出产品出产进度计划之后，仍须进行生产能力的核算平衡，以保证计划达到可行性。

第三，短期生产计划：短期生产计划的计划期在6个月以下，一般为月或跨月计划，它包括物料需求计划、生产能力需求计划、最终装配计划以及在这些计划实施过程中的车间生产作业计划和物资供应计划。

物料需求计划是把产品生产计划分解为构成产品各种物料的需要数量和需要时间的计划，以及这些物料投入生产或提出采购申请的时间计划；最终装配计划就是最终产品的短期出产进度计划。

生产能力需求计划即通常所说的设备负荷计划，它根据零件的工艺路线和工时定额来预计各作业中心（设备组）在各时间周期中应提供的生产能力数量，然后经过与实有能力的平衡，编制出车间的生产作业计划；车间生产作业计划工作包括作业分派、调度和生产进度的监控与统计工作；对外购的物料则编制物资供应计划，并对其实施过程进行控制。

以上三种生产计划各有侧重点。长期生产计划应根据长远的因素，确定企业长远的生产目标，开发新的生产能力，推出新产品等为企业开创新局面做出贡献。中、短期生产计划，要根据年、季、月的具体因素，重视现有的销售机会、现有资源的充分利用和经济效益的提高。

（三）生产计划的重要指标

企业的生产计划是由一系列生产指标构成的。工业企业生产计划的主要指标有：产品品种指标、产品质量指标、产品产量指标、产品产值指标。

（1）产品品种指标

是企业在计划期内应当出产的产品品种、规格、型号及各自产量的指标。品种指标不仅反映企业在产品品种方面满足国家和社会需要程度，也反映企业的生产技术水平和管理水平。

（2）产品质量指标

是指企业在计划期内各种产品应该达到的质量标准。产品质量既关系到消费者的利益，也关系到企业的信誉和发展前景。确定质量指标反映了对提高生产技术水平和管理水平的要求。

（3）产品产量指标

是指企业在计划期内规定生产的符合质量标准的工业产品数量。产品产量指标，反映企业向社会提供的使用价值的数量及企业的生产发展水平。同时，它也是企业进行产、供、销平衡，计算实物劳动生产量、计算产值、原材料消耗、成本和利润等指标的基础，是企业组织日常生产活动的重要依据。

（4）产品产值指标

是用价格表示的价值量指标。产值指标可分为：商品产值、总产值和净产值。

①商品产值。商品产值是企业在计划期内出产的可供销售的产品价值。

商品产值包含：用本企业自备原材料生产的成品和半成品价值；用订货者来料生产的产品加工价值；工业性劳务的价值。商品产值说明企业在计划期内能够为社会提供的商品价值。它是企业收入的重要来源，是企业进行物资平衡、计算利润、编制生产作业计划和组织日常生产的重要依据。

②总产值。它是企业在计划期内完成的以价值量计算的生产总量。

总产值包含：

——商品产值；

——期末期初在制品（包括生产过程中尚未完工的产品、自制工具、模具的在制品）结存量差额的价值；

——订货者来料加工的材料价值。

总产值指标一般按不变价格计算，常用它反映企业的生产规模、发展速度，计算劳动生产率等。

③净产值。工业净产值是指工业企业在计划期内新创造的价值。

上述各项生产指标的关系十分密切。既定的产品品种、产品质量和产品产量指标，是计算以货币表现的各项产值指标的基础，而各项产值指标又是企业生产成果的综合反映。一般来说，企业编制生产计划时应先安排产品品种、质量和产量，再根据这些指标计算产值。

二、生产作业计划

（一）生产作业计划的特点及作用

生产作业计划是企业生产计划的具体执行计划，即把企业的年度、季度生产计划中规定的月度生产任务以及临时性的生产任务，具体分配到各车间、工段、班组以至每个工作地和个人，规定他们在月、旬、日、轮班以至小时任务，并按日历顺序安排进度。通俗地说，生产作业计划就是详细描述生产什么产品、生产多少、何时生产、由谁生产的计划。

与生产计划相比，生产作业计划具有三个方面的显著特点：

第一，计划期短。生产计划的计划期常常表现为季、月，而生产作业计划详细规定月、旬、日、小时的工作任务。

第二，计划内容具体。生产计划是全场的计划，而生产作业计划则把生产任务落实到车间、工段、班组、个人。

第三，计划单位小。生产计划一般只规定完整产品的生产进度，而生产作业计划则详细规定各零部件甚至工序的进度安排。

生产作业计划是企业联系各个生产环节，组织日常生产活动，落实企业内部经济责任制的依据；是建立正常秩序保证均衡生产，取得良好经济效果的重要手段。

（二）生产作业计划的主要内容

生产作业计划的主要内容包括编制计划和组织实现计划两个方面，下面重点阐述编制计划。

1. 编制计划

这部分的主要内容包括：制定期量标准；编制各个车间作业计划；编制车间内部的作

业计划。组织事先计划包括：生产前作业准备工作；制品管理，主要进行库存控制；生产调度工作，主要进行进度控制。

生产作业计划的编制需结合当前生产的实际情况考虑市场、合同的需要，又要考虑生产实际的可能性。通过生产作业计划，必须把年度计划全面、具体、深入地落实下去，一级保证一级，保证年度计划的完成。

生产作业计划的编制一定要在充分发掘和利用企业生产能力的基础上，在充分调动一切积极因素的基础上留有余地；各车间内部编制的生产作业计划，在数量上不得小于部门下达的计划数量，在进度上不得慢于部门的计划要求；全面安排好投入量、出产量、在制品的周转量，保证平衡配套；在编制和安排生产作业计划时，要把责、权、利结合起来，为计划的落实和完成打好基础；按市场需求调解计划安排生产时，要做好与其他方面（原材料、能源、技术准备、资金等方面）的平衡。生产作业计划的编制和下达必须做到全面、准确、及时。

2. 生产作业计划的编制依据

①年度生产计划、临时的订货合同及协议；

②年度生产技术组织措施计划；

③机器、设备实际运行情况和大、中修计划安排；

④原料的供应情况，能源的限额分配情况，材料定额和原材料进场使用结存变化情况；

⑤产品、零部件工时定额和实际能力的差别；

⑥产品图纸、验收技术条件、工艺规程变化情况；

⑦车间的生产能力和生产准备情况；

⑧外协配套件订货合同和进厂数量与结存情况；

⑨产品零部件加工流程路线表；

⑩主要产品的期量标准；

⑪在制品、半成品的结存情况。

（三）期量标准的制定

期量标准是指加工对象（零部件）或产品在生产过程中的移动所规定的时间和数量标准。期是指期限，例如，一种出纳品（或毛坯、零部件等）什么时间投入、制造周期需要多长时间。这些时间上的规定就称为期。量是指数量，例如一种产品投入多少、出产多少，这些数量上的规定就称为量。期量标准又叫日历标准或作业计划标准，该标准是编制生产作业计划的依据，也是编制生产作业计划的中心工作。

不同生产类型的企业，期量标准是不同的。大量生产类型的企业，一般采用节拍、节奏、流水线工作指示图表、在制品定额等；成批生产类型的企业，一般采用批量、生产间隔期、生产周期、生产提前期、在制品定额等。对小批量生产类型的企业一般采用生产周期、生产提前期、产品装配指示图标等。

三、生产控制

（一）生产控制的基本内容

1. 生产控制的含义

生产控制是在执行生产计划中，按既定的政策、目标、计划、标准以及经济的原则，落实任务、检查生产条件、掌握执行计划、分析差异并及时采取措施的一种方法。

2. 生产控制的主要内容

（1）生产进度控制

生产进度控制是对生产量和生产期限的控制，其主要目的是保证完成生产进度计划所规定的生产量和交货期限。这是生产控制的基本方面。其他方面的控制水平，如库存控制、质量控制、设备维修等都会对生产进度产生不同程度的影响。

在某种程度上，生产系统运行过程中各个方面的问题都会反映到生产作业进度上。因此，在实际运行管理过程中，企业的生产计划与控制部门通过对生产作业进度的控制，协调和沟通各个专业管理部门（如产品设计、工艺设计、人事、维修、质量管理）和生产部门之间的工作，可以达到整个生产系统运行控制的协调、统一。

（2）设备维修

设备维修是对机器设备、生产设备等制造系统硬件的控制。其目的是尽量减少并及时排除物资系统的各种故障，使系统硬件的可靠性保持在一个相当高的水平。如果设备、生产设施不能保持良好的正常运转状态，就会妨碍生产任务的完成，造成停工损失，加大生产成本。因此，选择恰当的维修方式，加强对日常设备的维护保养，设计合理的维修程序是十分重要的。

（3）库存控制

库存控制是使各种生产库存物资的种类、数量、存储时间维持在必要的水平之上。其主要功能在于既要保障企业生产经营活动的正常进行，又要通过规定合理的库存水平和采取有效的控制方式，使库存数量、成本和占用资金维持在最低限度。

（4）质量控制

质量控制的目的是保证生产出符合质量标准要求的产品。由于产品质量的形成涉及生产的全过程，因此，质量控制是对生产政策、产品研究、物料采购、制造过程以及销售使用等产品形成全过程的控制。

（5）成本控制

成本控制同样涉及生产的全过程，包括生产过程前的控制和生产过程中的控制。生产过程前的成本控制，主要是在产品设计和研制过程中，对产品的设计、工艺、工艺装备、材料选用等进行技术经济分析和价值分析，以及对各类消耗定额的审核，以求用最低的生产成本生产出符合质量要求的产品。

生产过程中的成本控制，主要是对日常生产费用的控制，其中包括材料费、各类库存品占用费、人工费和各类间接费用等。实际上，成本控制是从价值量上对其他各项控制活动的综合反映。因此，成本控制，尤其是对生产过程中的成本控制，必须与其他各项控制活动结合进行。

（6）数量控制

数量控制是对产品及零部件的生产数量进行控制。生产数量控制有以下三个概念：不得少于计划数量、不得多于计划数量、要进行配套生产。

（二）生产控制的类型

生产管理的发展历史上，控制方式有一个典型的演化过程，最初出现的是事后控制，而后是事中控制，再是事前控制。这是从时间维度定义管理活动的一种方法。事后与事中控制都是使用负反馈控制原理，事前控制使用的是前馈控制原理。企业的实际操作中有三种控制方式：事前控制、事中控制与事后控制。

1. 事前控制

生产控制中的事前控制方式是在生产活动之前进行调节控制的一种方式。生产控制出现了事后控制、事中控制以后，人们自然提出了是否可实行事前控制，防患于未然。人们从目标管理中得到启示，创造了事前控制方式。

事前控制方式是利用前馈信息实施控制，重点放在事前的计划与决策上，即在生产活动开始以前根据对运行系统行为的扰动因素做种种预测，制订出控制方案。这种控制方式是十分有效的。例如，在产品设计和工艺设计阶段，对影响质量或成本的因素作充分的估计，采取必要的措施，可以控制质量或成本要素的60%。有人称它为储蓄投资管理，意为储蓄今天的运行为明天的收获所做的投资管理。

事前控制方式的控制要点为：对扰动因素的预测作为控制的依据、对生产系统的未来行为有充分的认识、依据前馈信息制订计划和控制方案。

2. 事中控制

生产活动的事中控制方式是一种对进行中的生产系统做日常性控制的控制方式。事后控制方式起到亡羊补牢的作用，难免有为时已晚的缺陷，能否在生产活动进行之中对其实施有效的控制？质量控制图法在质量管理中实现了这个想法，标志着事中控制的问世。

事中控制方式是利用反馈信息实施控制的。通过作业核算和现场观测获取信息，及时把输出量与控制目标进行比较分析，做出纠正偏差的控制措施，不断消除由干扰产生的不良后果，确保计划目标的实现。事中控制活动是经常性的，每时每刻都在进行之中。显然，它的控制重点是当前的生产过程，要把生产活动置于严密的控制之中，保证计划的顺利执行。有人形象地称之为消费管理，意思是对今天所花费的人力、物力所做的管理。事中控制可以避免完不成计划的损失，但是频繁的控制活动本身也需要付出代价。

事中控制方式的要点如下：以计划执行过程中获取的信息为依据；要有完整、准确的统计资料和完备的现场活动信息，要有高效的信息处理系统；决策迅速，执行有力，保证及时控制。

3. 事后控制

生产控制的事后控制方式是指根据当期产生结果与计划目标的分析比较，提出控制措施，在下一轮生产活动中实施控制的方式。它是利用反馈信息实施控制的，控制的重点是今后的生产活动。其控制思想是总结过去的经验与教训，把今后的事情做得更好。经过几轮的反馈控制可以把事情做得越来越好。有人称它为负债管理，意指今天的管理是为昨天欠下的债所做的。这种方式在我国企业中有着广泛的使用，如在质量控制与成本控制中到处可见。特别是成本控制，大量沿用这种方式。事后控制的优点是方法简便，控制活动量小，控制费用低。其缺点也很明显，不良结果一旦发生，损失一经造成，便无法挽回了。

事后控制方式的控制要点是：以计划执行后的信息为主要依据；要有完事的统计资料；要分析内外部环境的干扰情况；计划执行情况分析要客观，控制措施要可行，确保下一轮计划执行的质量。

（三）生产控制的基本程序

生产过程包括三个阶段，即测量比较、控制决策、实施执行，控制目标一般由计划职能完成。但目前的实际情况是企业的控制意识很薄弱，认识也模糊不清，生产计划中控制目标的指标数和标准值都不齐全，首先可以把制定标准作为基本程序之一。

1. 制定标准

制定标准就是对生产过程中的人力、物力和财力，对产品质量特性、生产数量、生产进度规定一个数量界线。它可以用实物数量表示，也可以用货币数量表示，包括各项生产计划指标、各种消耗定额、产品质量指标、库存指标、费用支出限额等。控制标准要求制定得合理可行。制定标准的方法一般有如下几种。

（1）类比法

既可以参照本企业的历史水平制定标准，也可以参照同行业的先进水平制定标准。这种方法简单易行，标准也比较客观可行。

（2）分解法

即把企业层的指标按部门、按产品层层分解为一个个小目标，作为每个生产单元的控制目标。这种方法在控制成本中起重要作用。

（3）定额法

即为生产过程中某些消耗规定标准，主要包括劳动消耗定额和材料消耗定额。

（4）标准化法

即根据权威机构制定的标准作为自己的控制标准，如国际标准、国家标准、部颁标准以及行业标准，等等。这种方法在质量控制中用得较多。当然，也可用于制定工作程序或作业标准。

2. 测量比较

测量比较就是以生产统计手段获取系统的输入值，与预定的控制标准作对比分析，发现偏差。偏差有正负之分，正偏差表示目标值大于实际值，负偏差表示实际值大于目标值，正负偏差的控制论意义视具体的控制对象而定。如对于产量、利润、劳动生产率、正偏差表示没有达标，需要考虑控制。而对于成本、工时消耗等目标，正偏差表示优于控制目标。在实际工作中这些概念是很清楚的，不会混淆。

3. 控制决策

控制决策就是根据产生偏差的原因，提出用于纠正偏差的控制措施，一般的工作步骤如下。

（1）分析原因

有效的控制必定是从失控的最基本原因着手的。有时从表象出发采取的控制措施也能有成效，但它往往是以牺牲另一目标为代价的。造成某个控制目标失控的原因有时有很多，所以要作客观的、实事求是的分析。

（2）拟定措施

从造成失控的主要原因着手研究控制措施。传统观点认为控制措施主要是调节输入资本源，而实践证明对于生产系统这是远远不够的，还要检查计划的合理性，组织措施可否改进。总之，要全面考虑各方面的因素，才能找到有效的措施。

（3）效果预期分析

生产系统是个大系统，不能用实验的方法去验证控制措施。但为了保证控制的有效性必须对控制措施作效果分析。有条件的企业可使用计算机模拟方法。一般可采用推理方法，即在观念上分析实施控制措施后可能会产生的种种情况，尽可能使控制措施制定得更周密。

4．实施执行

这是控制程序中最后一项工作，由一系列的操作程序组成。控制措施贯彻执行得如何，直接影响控制效果，如果执行不力，则整个控制活动功亏一篑。所以，在执行中要有专人负责，及时监督检查。

四、生产作业控制

（一）生产控制的基本程序

生产作业控制，就是企业按照生产计划进行有效的控制，组织实施生产计划，全面掌握企业生产情况，了解计划与实际生产之间的差异与其原因，及时调整生产进度，调配劳动力，合理利用生产设备、生产面积，控制物料供应和储存，以及场内外物料的运输工作，并统一组织力量，做好生产服务工作。

企业根据生产计划与生产作业计划的要求组织生产活动，这些要求具体表现为生产过程中规定的产品数量、质量和交货期限等内容。但是，生产作业计划在具体执行的过程中，不可避免地要受到各种主客观因素的影响，从而使预定的目标、计划和标准与生产实际之间产生差异。这种差异一般表现为生产进度的过快或过慢、生产数量的过多或过少，以致不能按规定要求完成任务，实现经营目标。因此，必须通过控制，找出差距，分析原因，采取措施，对企业的生产活动进行有效的控制，以预防或减少差异。生产作业控制是实现生产作业计划的重要保证，生产作业计划是生产作业控制的基础。

（二）生产作业控制的要素

生产作业控制是生产作业计划执行过程中，对有关产品（零部件）的数量和生产进度进行控制。通过生产作业控制，可以采取有效措施预防或防止可能发生的或已经发生的脱离计划的偏差，保证计划如期实现。它是生产控制很重要的一个方面。

生产作业控制主要包括三个方面的要素：标准、信息和措施。

第一，标准。是指生产作业计划及根据其制定的各种标准，是衡量生产过程是否偏差的根本依据。

第二，信息。信息是指实际执行结果与制定的标准之间要产生和已经产生的偏差，据此可以了解、评价生产作业计划执行情况及其发展趋势。

第三，措施。措施是指针对将要产生和已经产生的偏差做出的解决方法，是根据标准和信息控制产生的结果。

以上三个要素是缺一不可的。标准是生产作业控制的基础，没有标准，就不可能有衡量执行生产作业实际结果的依据。信息是生产作业控制的依据，没有事先测定和事后检查同标准发生偏差的信息，就无法了解和评价生产作业计划的执行情况，以及可能发展的趋势。措施是生产作业控制的落脚点，没有纠正措施，生产作业就会成为无意义的活动。

生产作业控制程序与构成产生作业控制的三个要素是分不开的，也就是说，生产作业控制三个要素之间的关系决定了生产作业控制的程序。生产作业控制的步骤：首先，制定生产作业控制标准；其次，检查执行结果与标准进行比较；最后，采取纠正偏差措施。

（三）生产作业调度

1. 生产调度工作的任务、内容和原则

第一，生产调度工作的任务。生产调度工作是根据生产作业计划对企业日常生产活动进行控制和调节的活动过程。它通过对信息的测量、比较，使目标差异减少，进而逐渐接近目标，是组织实现生产作业计划的重要手段。

生产调度工作的任务按照生产作业计划的要求，协调、控制生产过程的各环节，保证均衡生产并全面完成生产计划任务；对生产活动过程进行监督、控制，加强管理，克服生产的不均衡；通过各种信息，预防和消除生产过程中可能出现的问题。

第二，生产调度工作的内容。按照生产作业计划规定的产品品种、数量、质量、期限和成本等要求，组织企业的日常生产活动并坚持计划的执行情况，特别是关键产品和零件，必须按照各工艺阶段规定的产出和进度要求按期完成生产任务。生产调度部门应坚持、督促、协调各部门及时做好各项生产的准备工作，保证生产作业计划顺利实施。对轮班、昼夜、周、旬及月计划完成情况做好作业统计和分析工作，合理调配各生产环节的劳动力。

第三，控制生产过程的原理、标准件、工具、半成品等物质供应和厂内运输工作，检查生产设备的利用情况。发现异常情况应采取纠正措施，以实现生产作业计划。协调厂部与车间、车间之间、工段之间的关系，保证均衡生产。

生产调度工作的原则包括：

①计划性。计划性是生产调度工作最基本的原则，任何调度工作都必须以此作为依据，调度的灵活性应该服从计划的原则性。为了保证生产任务的全面完成，生产调度人员必须深入掌握重点车间、重点产品、重点任务的生产情况，同时全面了解企业的生产情况。

②预见性。生产调度工作不能单纯依靠事后补救，要做到预防为主，防患于未然，这样才能取得工作主动性。为此，生产调度人员必须勤检查、勤分析，督促各部门做好生产技术准备工作，检查生产过程的薄弱环节，预防可能发生的各种隐患。

③及时性。在生产作业计划的具体执行中必然会出现各种新情况、新问题，为了预防生产的间断，要求生产调度部门迅速掌握这项信息，机动灵活地采取有力措施及时解决。为此，亲自深入生产一线，全面、及时、准确地获取生产中的物质、设备、生产、技术、劳动力等各种资料和信息，深入细致研究分析问题。这样，才能制定并采取有效措施及时解决问题。

④统一性。企业应根据集中领导、分级管理的原则，在生产副厂长的领导下，建立一个强有力的生产调度系统。调度的主要职权集中于厂部。各级调度人员是统计生产领导的助手，在主管生产厂长的统一领导下行使调度职权和发布调度命令。各级调度人员应做到步调一致，各级领导应维护调度职权，以共同维护计划的统一性。

⑤群众性。生产调度工作要发扬民主，深入生产者中倾听意见，做到集思广益。在进行调度时，要把生产作业计划的执行情况和生产调度向生产参与人员公布，讲清楚完成工作任务的意义和作用，调动广大员工的积极性和主动性。只有发扬民主精神，才能做好调度工作。

2. 做好生产调度工作的措施

（1）建立健全调度工作制度。生产调度工作是一项非常复杂细致的工作，健全的调度工作制度是做好生产调度工作的基础，对现代企业而言，建立强有力的生产调度系统有十分重要的意义。

（2）值班制度。为了经常检查生产作业计划的执行情况，连续而系统地掌握生产信息，随时处理生产中发生的各种问题，厂部和车间都应建立调度值班制度。调度员在值班期间要负责下列工作：

第一，按班或按小时（大量生产时）检查产品产出计划的完成情况。

第二，检查有关部门调度决议和重点任务的执行情况。

第三，记录和发出企业、车间领导对生产的指标要求和生产注意事项等要求，并检查其执行情况。

第四，及时处理生产中的突发问题，并将当班发生的问题及采取的措施和执行结果详细记录在调度日记内，以便检查和做出进一步的处理。

（3）调度报告制度。企业各级调度机构都应该建立一套完整的调度报告制度。各班组、各车间都应该将执行计划任务的情况准确及时地报告给上级部门，总调度室应根据班组、车间的调度报告进行汇总后向生产部门管理者汇报。

（4）调度会议制度。通过调度会议，可以广泛听取各方面意见，了解生产中存在的各种问题，同时，也可发扬民主，统一思想，协调工作，调度会议一般分为厂部和车间两级，厂部调度会议由生产副厂长主持，车间调度会议每周召开一至两次，会议做出决定后，各有关部门推广执行。

第二节　物流管理

一、物流与物流系统

（一）物流的基本概念

1. 物流的定义

物流是 20 世纪 50 年代新发展起来的一门应用学科，是社会科学和自然科学之间的交叉学科，也是管理科学和工程技术科学之间的交叉学科。物流科学通过综合应用自身以及社会学、管理学、经济学、数学、系统工程学等学科的相关理论，给国民经济和企业的生产经营带来了难以估量的经济效益，成为当代最活跃、最有影响力的新兴学科之一。因此，物流科学自产生以来已显示出它强大的生命力，引起人们的重视并被给予高度评价，从而获得了迅速的发展和普及。随着社会的发展以及经济水平的提高，物流科学及其相关理论都在不断地发展与更新。

物流是指一切可以进行物理性位置移动的有形产品和无形服务，指"物"的位移，包括长距离的运输、短距离的配送以及搬运等创造时间性、场所性价值的经济活动。

2．物流的功能

从物流的定义可以看出，物流主要是由一系列相关活动组成的，这些活动主要包括运输、存储、装卸搬运、包装、流通加工、配送和信息处理七个方面，它们被称为物流的七大功能要素。其中物流信息指导物流各项活动的开展。物流信息在物流活动中起着神经中枢的作用，通过对物流信息的收集与处理使物流活动高效、顺利地进行。在国际化、快速化的经营环境下，企业如果没有良好高效的信息系统将寸步难行。

3．物流价值

通过物流的定义以及物流的七个功能要素可知，物流通过运输、存储、装卸搬运、包装、流通加工、配送和信息处理等活动来创造价值，实现物品从发送地到接收地之间价值的增值。物流主要创造三种价值，时间价值、空间（场所）价值和加工附加价值。

（1）时间价值

"物"从供给者到需要者之间有一段时间差，由于改变这一时间差创造的价值，称作时间价值。时间价值主要通过物流的仓储功能来实现。物流创造时间价值有：缩短时间差创造价值、弥补时间差创造价值、延长时间差创造价值。

在某些具体物流中也存在人为、能动地延长物流时间来创造价值的情况。例如，当人们预测到某种物品或原材料在未来的一段时间内将发生短缺或价格上涨，而这些物品或原材料的存储成本又大大低于由于物品短缺或价格升高引起的机会成本，人们就会囤积这些物品，有意识地延长时间差来创造价值。

（2）空间（场所）价值

"物"从供给者到需求者之间有一段空间差异，供给者和需求者往往处于不同的场所，由于改变这一场所的差别而创造的价值被称作空间（场所）价值。空间（场所）主要通过物流的运输和配送功能来实现。

物流创造空间价值是由现代社会产业结构、社会分工所决定的，主要原因是供给者和需求者之间的空间差，商品在不同的地理位置有不同的价值。通过物流将商品由低价值区转到高价值区，便可获得价值差，即空间（场所）价值。有从集中生产场所流入分散需求场所创造价值、从分散生产场所流入集中需求场所创造价值、从甲产地流入乙需求地创造场所价值等方式。

（3）加工附加价值

加工是生产领域常用的手段，并不是物流的本来职能。但是，现代物流的一个重要特点是根据自己的优势从事一定的补充性的加工活动，这种加工活动不是创造商品主要实体，形成商品主要功能和价值，而是带有完善、补充、增加性质的加工活动，这种活动必然会形成劳动对象的附加价值。这是现代物流有别于传统物流的重要方面。有不改变物品的外观形状，通过计量、分拣等作用活动实现物品的增值；不改变产品的外观形状，通过包装、拴标签等作业活动实现物品的增值；通过分割组装等活动，改变物品的形状实现物品的增值形式。

（二）物流系统概述

1. 物流系统的定义

物流系统是指由各种物流要素，为了实现特定的管理目标而组成的具有特定物流功能的有机整体，物流系统的目的是实现物资的空间效益和时间效益，在保证社会再生产进行的前提下，实现各物流环节的合理衔接，并取得最佳的经济效益。

物流系统是客观存在的，但一直未被人们所认识。通过运用系统科学对物流实践经验进行总结，以系统的观点将原来分散的各个功能要素有机结合起来，作为一个物流大系统进行整体设计和管理就能充分发挥物流的功能，提高物流的效率和效果，实现整体的物流合理化。

2. 物流系统管理的思想

物流系统管理的思想是指在物流管理活动中，必须树立系统的思想和观念。现代物流的一个重要特征在于它的系统性，其各要素之间存在有机联系并使物流总体功能合理化。任何物流活动、物流过程、物流管理都必须按照系统的思想和要求来进行。现代物流管理的实质是系统管理理论与物流实践相结合的产物。

物流系统管理的思想主要有：整体优化的思想、相互联系与依存的思想、动态的思想、开放的思想。

总之，用系统思想来研究物流活动是现代物流科学的核心问题。现代物流管理的精髓在于运用系统的观点和方法组织、管理、设计物流活动的各个环节，将组成物流活动的各要素整合形成有机整体。

（三）物流系统分析

1. 物流系统分析的概念

物流系统分析是指在一定时间、空间中，以所从事的物流活动和过程作为一个整体来处理，用系统的观点、系统工程的理论和方法分析研究构成物流系统各级子系统的功能及相互关系，以及同环境的相互影响，以实现其空间和时间经济效益的一种分析方法。

对物流系统进行分析，可以了解物流系统各部分的内在联系，把握物流系统行为的内在规律性，进而对物流系统的设计、改善和优化做出正确决策。所以说，无论从系统外部或内部设计新系统或是改造现有系统，系统分析这一环节都是非常重要的。

2. 物流系统分析的特点

物流系统分析以整体利益为目标，以寻求解决特定问题的最优策略为重点，运用定性和定量分析相结合的方法，为决策者提供判断依据，以寻求最优决策。

主要特点是：以整体为目标、以特定问题为对象、运用定量方法、凭借价值判断。

3. 物流系统分析的步骤

物流系统分析所涉及的范围较广，如生产、库存、运输、包装、加工、物流预测等，需要对大量的信息进行收集、处理、分析、汇总、传递和存储。因此，在分析中要用多种定量分析方法和技术，依照一定的步骤，全面地对物流系统进行分析和评价。

物流系统分析大致可以按照以下步骤进行：

（1）界定问题的范畴

进行系统分析，首先要明确问题的性质，划定问题的范围，只有明确了问题的性质和范围后，系统分析才能有可靠的起点；其次，还要研究问题要素、要素之间的相互关系以及与环境的关系等，把问题的界限进一步划清。

（2）确定目标与明确问题

在确定系统目标的基础上，明确所要解决的问题，掌握问题的性质、重点和关键所在，了解问题产生、发展和变化的趋势，为制订物流方案提供依据。

（3）提出方案

根据确定的目标，对提出的问题进行广泛的调查，收集各种资料、信息，并对收集的资料和信息进行分析研究，探讨解决问题的方法和措施。

（4）建立模型

通过物流目标及相关功能要素之间关系的描述，选择不同的表达方式、方法，建立不同的模型。通过模型分析，寻求系统目标和分目标的约束条件和实现途径。

（5）优化系统

在系统模型的基础上运用系统工程、运筹学等原理与方法，对各方案模型进行仿真和优化计算，为系统评价提供依据。

（6）系统评价

运用确定的评价指标，从技术、经济等各个方面对各方案进行评价，权衡利弊，选择最优方案。

物流系统是一个复杂的系统，对系统的分析并非按上述过程分析一次即可完成，有时需要反复进行多次。

二、物流服务管理

（一）物流服务的含义

在现实生活中，我们都有接收过快递公司的快件的业务，当我们完成一次网络购物，必然会与物流服务发生关系。那什么是物流服务？

所谓物流服务，就是为了满足顾客需要，在与顾客的接触中，供方的活动和供方活动的结果。这一概念包含以下内涵：

①服务的目的就是满足顾客需要，帮助顾客解决问题。

②要提供服务，就要与顾客接触。

③服务的内容不是实物，而是供方的活动和供方活动的结果。

④服务的范围既包括依附于商品实体而提供的追加服务，又包括与商品不直接相关的服务，如咨询等。

（二）物流服务的内容

物流服务的基本内容主要包括运输、存储与配送、装卸搬运、包装、订单履行、物流信息、存货预测等活动。这里主要介绍物流增值服务的两个内容。

1. 订单履行

物流服务的一个重要活动是订单履行，包括与完成客户订单有关的活动。

有效的订单管理是有效运营和客户满意的关键。

企业在全面执行与订单管理有关的所有活动时，企业活动的其他方面同样能够很好地协调。企业的订单管理能力有助于产生竞争优势。订单管理主要得益于计算机和信息系统的发展。

2. 存货预测

物流服务的另外一个重要活动是存货预测。

准确预测存货要求、原材料和零部件，对有效控制存货十分重要，尤其对使用准时制生产方式和物料需求规划方法来进行存货控制的企业来说就更为重要。

运输与配送是物流服务体系中所有动态内容的核心，而保管则是唯一的静态内容，物流服务的装卸搬运、包装与物流信息则是物流的一般内容。它们的有机结合构成一个完整的物流服务系统。

（三）物流服务管理的过程

在当前竞争的环境下，以客户为中心的物流战略正变成企业获得竞争性优势的另一个源泉。一个有效的以客户为中心的物流战略的开发需要经过以下七个阶段。

1. 理解客户需求

客户需求在不断地改变，供应商必须预期这些改变，并对此做出积极反应，不断改变业务目标。物流过程必须适应这种改变以保持客户满意。用三个步骤可以确定客户需求：理解客户的业务、买方和用户；鉴明客户需求和期望；与客户探讨需求和期望的变更性，测定客户对支付服务的愿望。

2. 评价当前的服务和能力

一旦理解了客户的想法，供应商必须找出他们当前的服务能力和实际要求之间的差距。这包括采取什么步骤来满足专门的服务目标，以及鉴别当前由竞争对手提供的服务。

3. 解释当前做法与客户要求之间的差距

一旦正确认识到企业与客户期望之间的差距，公司便可以认真检查，以确定消除差距所能得到的利益（如增加客户价值）。公司必须分析和消除与差距有关的均衡点、利益、成本以及风险。在这些分析的基础上，公司须确定使利益超过成本。

4. 满足客户特定需要的针对性服务

不同的客户群需要不同的服务及服务标准。为了让尽可能多的客户满意，公司应该按需求期望的相似性对客户进行分类。许多公司按产业、产品类型、销售量和利润来细分客户群，可以更好地提供针对性服务。不同的服务必须与相应的费用比较。如果一项服务对客户有足够的价值，客户可能愿意为此付出额外的费用，除非竞争对手会以更低的价格提供相同的产品。

5. 在客户要求的基础上创造服务

实施客户导向的配送战略，下一步就是在客户要求和期望的基础上创造服务。为了满足客户需求并超出他们的期望值，供应商不仅必须满足客户已有的需要，而且应提供增值服务。当竞争者开始把客户满意作为竞争优势时，如果供应商仅着眼于客户对价值的认识，把致力于满足客户最低的要求作为客户满意的开端，其结果是如果无法满足，则将得到客户的否定评价；如果满足了，也不会得到客户的称赞，因为这仅是客户所希望的。只有当服务超出客户最低要求时才会让客户满足，达到增加价值的目的。

6. 评估与跟踪执行和改进情况

客户反馈满意是真正满意的唯一标准。客户满意指数是评估整个满意水平的一种方式，同时衡量所有产品的贡献也很重要，因为满意是以客户的整个经历为基础的。

当供应商使用客户满意标准时，必须全面理解客户的要求和希望，进而使这项要求和期望扩展成一个标准，然后通过达到或者超过这个标准来满足客户的需求或超出客户的期望。例如，邮购支持系统在很多商业中都提供增值服务。提供邮购支持的标准因产品类型而异，但可以包括反应的时间期限、服务的便利、员工的文明礼貌。客户满意指数应该在监控下用以评估供应商在有关满意方面的表现，也可评估一段时间内服务的执行和改进情况。

7. 保持持续的改进过程

客户满意是一个不断进行的过程，因为客户要求随生产过程、产品和客户的变化而变化，为了保持客户满意的水准，供应商必须跟上这些变化的要求。一般认为，频繁地接触客户是必要的，通过与客户接触，了解客户需求，满足客户需求。

三、物流质量管理

(一) 物流质量的定义

物流质量，就是根据物流运动规律所确定的物流工作的量化管理标准，根据物流经营需要而进行评估物流服务与顾客期望满足程度的有机结合。

1. 符合规格的质量定义

质量管理的目的是以最低的成本发现质量问题，采取改进措施。管理人员只能根据客观的质量标准测量产品的质量。产品设计人员根据客观的需要确定产品的有形特点，确定产品质量的管理方法和措施，使产品质量符合规格。

根据符合规格的定义，确定质量管理措施有助于企业实现降低成本、提高服务质量的一致性。符合规格是最简单、最适当的质量定义。

2. 符合期望的质量定义

要提高服务质量和生产效率，企业必须采取服务工业化措施，应用技术管理思想，提高生产效率，降低成本，保证服务。服务人员应该严格执行操作顺序，为顾客提供标准化的服务。许多企业管理学家一致认为，服务质量只有一个正确定义，即服务质量就是服务实际能符合顾客的期望。

采用符合期望定义，管理人员就能在质量评估工作中分析不易量化的主观因素对顾客评估产品或期望的影响。这样，管理人员就能根据顾客认为重要的因素判断产品或服务的质量。

（二）物流质量的内容

1. 商品的质量保证及改善

现代物流过程并不单纯地保护和转移物流对象，还可以采用流通加工等手段改善和提高商品的质量。因此，在一定意义上说，物流过程也是工业商品质量的"形成过程"。

2. 物流服务质量

物流也有极强的服务性质。可以说，整个物流的质量目标，就是客户对其服务质量的高满意度。服务质量因不同的用户要求而各异，所以要掌握和了解客户要求。例如，商品狭义质量的保持程度；流通加工对商品质量的提高程度；批量及数量的满足程度；配送额度、间隔期及交货期的保证程度；配送、运输方式的满足程度；成本水平及物流费用的满意程度；相关服务（如信息提供、索赔及纠纷处理）的满意程度。

3. 物流工作质量

物流工作质量是指对物流各环节（如运输、搬运装卸、保管等）的质量保证。提高物流工作质量应在搬运方法和搬运设备、设施与器具上狠下功夫。工作质量和物流服务质量是两个有关联但又不大相同的概念，物流服务质量水平取决于各项工作质量的总和，因而，工作质量是物流服务质量的一定程度上的保证和基础。

4. 物流工程质量

物流质量不但取决于工作质量，而且取决于工程质量。在物流过程中，将对产品质量产生影响的各种因素（如人为因素、体制因素、设备因素、工艺方法因素、计量与测试因素、环境因素等）统称为工程，很明显，提高工程质量是进行物流质量管理的基础工作，能提高工程质量，就能做好预防为主的质量管理。

（三）物流质量管理的概念

物流质量管理就是依据物流系统运动的客观规律，为了满足物流顾客的服务需要，通过制定科学合理的物流质量基本标准，运用经济方法实施计划、组织、协调、控制物流质量的活动过程。

1. 物流质量管理满足的要求

第一，满足生产者的要求，必须保证生产者的产品能保质保量地转移给用户。

第二，满足用户的要求，按用户的要求将其所需的商品交给用户。

2. 物流质量管理的内容

（1）质量保证

质量保证是企业对用户来说的，就是要对用户实行质量保证。它是为了维护用户的利益，使用户满意，并取得用户信赖的一系列有计划、有组织的行动。质量保证是企业物流质量管理的核心。

（2）质量控制

质量控制是对企业内部来说的，是为了保证某一工作、过程和服务的质量所采取的作业技术标准和有关活动。质量控制是实际测量的质量结果与标准进行对比、对某些差异采取措施的管理过程。质量控制是质量保证的基础。

（四）物流质量管理的特点

1. 全员参与

要保证物流质量，就要涉及企业物流活动的相关环节、相关部门和相关人员，需要依靠多个环节及各部门和广大员工的共同努力。物流管理的全员性，正是物流的综合性、物流质量问题的重要性和复杂性所决定的，它反映了企业质量管理的客观要求。

2. 全程控制

企业物流质量的管理是对商品的包装、存储、运输、配送、流通加工等若干过程进行全程的质量管理，同时它又是对产品社会再生产全过程进行全面质量管理的重要一环。在这一全过程中，必须一环紧扣一环地进行管理，才能保证最终的物流质量，达到目标质量。

3. 全面管理

影响企业物流质量的因素具有综合性、复杂性及多变性。加强企业物流质量管理，就必须全面分析各种相关因素，把握内在规律。企业物流质量管理，不仅要管理物流对象本身，而且还要管理工作质量和工程质量，最终对成本及交货期起到管理作用，具有很强的全面性。

4. 整体发展

企业物流是一个完整统一的系统，加强企业物流管理就必须从系统的各个环节、各种资源以及整个物流活动的相互配合、相互协调入手，通过强化整个企业的基本质量素质来促进企业整体质量的发展。

（五）现代企业物流质量管理体系运作要素

1. 物流需要的调研与评定

物流需要的调研与评定是现代企业物流活动过程的首要内容，要运用各种有效的方式了解物流需要，依据调研结果和企业实际物流服务条件确定新的物流服务项目，编制物流服务大纲，以作为物流服务设计的基础。

2. 物流服务设计

物流服务设计是把物流服务大纲中的内容与要求，策划设计为物流服务规范、物流服务提供规范和物流服务控制规范，确定开展预定物流服务项目的时间计划表，确保一切必要的资源、设施和技术支持，并对物流服务项目进行适当的切合实际的宣传。

3. 物流服务过程

物流服务组织应采取行政、经济、教育等各种手段确保物流服务规范的实施，不断对物流服务过程质量进行评定和记录，识别和纠正部分物流服务，把影响物流服务过程质量的各种因素，如人的技能、设施完好与安全等置于受控状态。还应重视顾客对物流服务质量的投诉和评价，力争实现无缺陷的物流服务。

4. 物流管理业绩的分析和改进

现代企业应定期或不定期地对物流管理业绩进行定性分析，为此要建立一个物流质量信息反馈管理系统，既要进行定性分析，又要进行定量的数据收集和统计分析，以寻求质量改进机会，进行质量改进，提高物流质量管理水平。

（六）物流质量管理体系文件

1. 物流质量管理手册

这是一个阐明现代企业物流质量方针并描述其质量管理体系的纲领性文件，其内容包括：现代企业的质量方针和目标；现代企业物流管理人员的职责、权限和相互关系；物流质量管理体系要素等。物流质量管理手册的使用、修改和控制应符合 ISO10013《质量手册编制指南》。

2. 物流质量管理规范

现代企业物流质量管理规范是"为进行某项物流活动所规定途径的程序"文件，是质量手册的支持性文件。物流质量管理规范一般包括目的和范围；做什么和为谁做；何时做、何地做、如何做；应使用什么设施；如何对物流服务进行控制等。可以与质量手册中相关要素活动的内容的编写顺序一致，也可以按企业标准的形式编制。质量计划是"针对特定的产品、项目和合同，规定专门的质量措施、资源和活动顺序的文件"（ISO8402）。因此，现代企业应对一些特定的物流服务按 ISO10005《质量计划指南》编制质量计划。

3. 物流服务规范

物流服务规范是规范现代企业的物流服务行为，阐明其物流服务内容与物流服务质量的操作性文件。物流服务规范是衡量现代企业物流服务质量的基本依据和最低要求，一般包括岗位职责、任务、上岗条件、物流服务程序、物流服务内容与要求等。

4. 质量记录

质量记录是为已完成的质量活动或达到的结果提供证据，即建立在通过观察、测量、测验或其他手段所得到的事实基础上，证明是真实的信息文件（ISO8402），又称见证性文件。

（七）如何加强物流质量措施

要有效提高质量管理工作的效果，企业就必须根据质量管理环境，采取适当的管理措施。它主要包括以下内容：

1. 建立物流质量管理体系

根据全面质量管理理论，建立和完善企业物流质量管理的计量、评估体系，切实消除企业物流过程中的差错。

2. 引进现代质量管理理论和技术

企业应该积极引进现代质量管理理论和技术，提高质量管理水平。科学技术就是生产力，企业必须借助现代高新技术，强化物流质量管理，大力开发技术创新活动。

3. 实行全面质量管理

企业可以运用更有效的激励措施，实行全面质量管理。企业应根据顾客需求环境的相对不确定性，运用有效的奖励和激励措施，激励员工提高学习能力和创新能力，鼓励员工承担风险，通过精心设计、认真实施的实验，探索减少差错的新方法。企业必须一边改进质量管理工作，一边不断提高物流服务质量。

四、物流成本管理

（一）物流成本概述

1. 物流成本的特征

物流成本是指从原材料开始，直到将商品送到消费者手中所产生的全部费用。然而一般的成本计算总是使物流成本计算被分解得难以辨认。

由于物流成本没有被列入企业的财务会计制度，制造企业习惯将物流费用计入产品成本，商业企业则把物流费用与商品流通费用混在一起。因此，无论是制造企业还是商业企业，都难以按照物流成本的内涵完整地计算出物流成本，而且连已经从生产领域或流通领域分开来的物流成本，也不能单独、真实地反映出来，任何人都难以看到物流成本的真实全貌，了解支出。"物流是经济的黑暗大陆""物流成本冰山说"都是这种现状的形象表述。

2. 物流成本管理的意义

物流成本研究的目的是要将混入其他费用科目的物流成本全部抽取出来，使人们能清晰地看到潜藏的物流成本，寻求降低成本的途径，从而降低物流成本。这对提高企业和社会的经济效益都具有重要意义。

（1）从微观的角度观察

物流成本在产品成本中占有很大的比重，在其他条件不变的情况下，降低物流成本，意味着降低了企业总成本，提高了利润水平。物流成本的降低增强了企业在本行业中产品价格竞争方面的优势。企业可以用相对低廉的价格在市场上出售自己的产品，从而提高产品在市场上的竞争力，增加销售，为企业带来更多的利润。

（2）从宏观的角度观察

第一，如果全行业的物流效益普遍提高，物流费用水平会降到一个新的最低点上，那么该行业在国际市场上的竞争力将会增强，对一个地区行业来说，可以提高其在全国市场上的竞争力。

第二，全行业物流成本的普遍下降，将会对产品的价格产生影响，导致物价相对下降，这有利于保持消费水平的稳定，相对提高国民的购买力水平。

物流成本的下降对全社会而言意味着创造同等数量的财富，在物流领域所消耗的物化劳动和活劳动得到节约，也就是以较少的资源投入创造较多的物质财富。

（二）影响物流成本的因素

1. 进货方向

进货方向决定了企业运输距离的远近，同时也影响着运输工具、运输路线的选择及进货批量等各个方面。因此，进货方向是决定物流成本水平的一个重要方面。

2. 运输工具

不同的运输工具，成本高低不同，运输能力大小不等。

运输工具的选择，一方面取决于货物的物理化学性质、货物的体积、交易价值的大小；另一方面又取决于企业对某种的物品的需求程度及工艺要求。所以，选择运输工具要同时保证生产与运输的需要和物流成本最低两个方面。

3. 存货控制

存货往往是仅次于运输的物流成本发生的重要环节，要充分运用定量订货法、定期订货法及零库存法等对存货实行严格控制，严格掌握进货数量，减少资金占用、贷款利息支出，降低存储空间、库存服务和库存风险成本低支出。

4. 货物保管制度

良好的物品保管、维护、发放制度可以减少物品的损耗、霉烂、丢失与事故，从而降低物流成本。相反在保管过程中，由于措施不力导致物资发生较大的物理、化学、生物变化，引起物资严重损耗、霉烂、丢失等，物流成本必然上升。

5. 产品废品率

影响物流成本的一个重要方面还有产品的质量，也就是产品的废品率的高低。生产高质量产品可以杜绝次品、废品的回收、退货而产生的各种物流成本。

6. 管理成本开支的大小

管理成本与流通中的存储数量没有直接的函数关系，但管理成本的大小直接影响物流成本的大小。节约办公费、水电费、差旅费等管理成本，可以降低物流成本的总水平。

7. 资金利用率

企业利用贷款进行生产或流通，必然要支付一定的利息，有一部分利息要分摊到物流成本上，所以资金利用率的高低影响着资金支出的大小，也影响着物流成本的变化。

（三）物流成本管理策略

1. 控制物流成本

对物流各环节产生的成本进行有计划、有步骤的管理，压缩不必要的成本，以达到预期的成本目标。

（1）绝对成本控制

绝对成本控制是指把成本支出控制在一个绝对的数额内，从而节约多种支出，杜绝浪费。

（2）相对成本控制

相对成本控制是指通过成本与产值、利润、质量和服务等对比分析，寻求在一定约束因素下，取得最优经济效益的一种控制技术。

相对成本控制扩大了物流成本控制领域，要求在降低物流成本的同时，关注与成本关系密切的因素，如产品结构、项目结构、服务质量水平等方面的工作。目的在于提高控制成本的效益，而减少单位产品成本投入，提高整体经济效益。

2. 压缩物流成本

压缩物流成本是指在规定服务水平的前提下，改进服务效率，实现物流合理化。其途径有五方面：

第一，物流途径简短化。就是通过合理设置仓库和配送中心等物流据点使物流途径简短化。该措施不仅能缩短运输距离，降低运费，还将分店和营业场所处理的业务移交给配送中心。一个配送中心可以承担多处营业场所的物流业务，实现配送中心配送大批量化，从而降低物流费用支出。

第二，运输共同化，扩大运输量。在运量不足的情况下，企业与同行及其他企业进行联合运输，可以扩大运输量，保证交货日期，起到压缩物流成本的效果。

第三，设定合理库存量。库存具有调节生产和销售、采购和销售之间的时间间隔的功能。若从降低物流库存成本的角度看当然越少越好，但库存是以满足客户服务为前提存在的，存货太少会造成缺货成本大幅度上浮，其结果往往是付出了比拥有一定的库存付出的持有成本还高的经济成本，所以，必须科学预测一定时期内客户的需求趋势，计算出该时期内满足客户需求的最小库存量。

第四，适宜的包装和科学的装卸。采用包装价格与包装要求相吻合的包装材料、包装方式；采用标准化的装卸工具与科学的装卸方法，使装卸过程省力化，节约装卸时间。

第五，科学的维护保养措施。库存物资品种繁多，物理化学性质各异，所需的维护保养条件不尽相同，要根据其性质特点提供适宜的温度、湿度条件和必需的保管措施，使损耗保持在合理的范围内。

3. 平衡物流能力与客户期望

在实际的物流活动中，要想物流作业百分之百地满足客户的期望，所付出的物流作业成本将会十分高昂，因为物流成本的开支与客户的期望值密切相关。

试想在一个有数百万人口的大城市里，要想百分之百地满足该城市人对所有商品的需求，需要准备巨额库存，要付出高额的库存成本，这是不可取的。要取得物流竞争的优势地位，关键是要掌握物流成本和客户期望的平衡点。

4. 树立现代物流观念，健全企业的物流管理体制

企业降低物流成本，首先要从健全物流体制入手，从企业组织上保证物流管理的有效进行，要有专司物流管理的部门，实现物流管理专业化。树立现代物流观念，结合现代物流的发展趋势，优化企业的物流系统，改进物流运作方式，汲取先进的物流管理方法，根据企业自身实际不断改善物流管理，降低物流成本。

第四章　市场营销策略

第一节　市场营销概述

一、市场营销的含义

市场营销又称市场学、市场行销或行销学，简称"营销"。它包含两种含义：一是动词理解，指企业的具体活动或行为，这时称作市场营销或市场经营；二是名词理解，指研究企业的市场营销活动或行为的学科，称作市场营销学、营销学或市场学等。

所谓市场营销，就是在动态变化的市场环境中，企业或生产组织以满足消费者需要为目的而进行的一系列营销活动，包括市场调研、选择目标市场、产品开发、产品定价、销售渠道选择、产品促销和提供服务等一系列与市场有关的企业经营活动。

二、市场营销学的研究对象

市场营销学对研究对象的认识是随着其内容体系的发展而逐步形成的。

早期的市场营销学的研究对象局限于流通领域内商品交换和分配的企业经营活动，即只对商品由生产领域进入流通领域到达消费者手中这一过程进行研究，当商品进入消费领域以后，则不再属于市场营销学的研究范围。

随着人类社会经济的发展，市场营销学的研究对象已经突破了原来的商品流通领域，向前延伸到生产领域和产前的各种活动（包括市场研究、产品开发及市场发展），向后拓展到消费过程（包括售后服务及信息反馈）。市场营销学的研究范围已扩大到从研究消费者需求开始，直到如何保证消费者需求得到真正的和全部的满足为止的整个过程。实际上就形成了一个由研究消费者需求开始，最后以满足消费者需求为结束的往复循环过程。

三、市场营销学的研究内容

1. 市场营销观念

市场营销观念必须承认和接受以消费者利益为导向，研究和了解什么是消费者最需要的产品或服务，并据此组合企业的全部经营活动。

2. 市场营销环境

环境是影响市场营销活动的重要因素，应在分析影响企业营销活动的环境因素，了解各类市场需求和消费者购买行为的基础上制订相应的经营对策，选择市场机会，实现营销目标。

3. 市场经营策略

企业应综合、系统地运用各种市场营销手段，制订并选择与动态市场营销环境相适应的最佳营销组合方案，即选择适当的时间和地点，以适当的价格和方式，将适当的产品和服务提供给适当的顾客，以满足顾客的需要。

4. 市场营销管理

市场营销管理是企业为了实现经营目标，创造、建立和保持与目标市场之间的互利交换和联系，而对设计方案的分析、计划、执行和控制，即应用组织、调研、计划、控制等方面的职能，做到最大限度地合理利用企业内部资源，采用最好的方法和方式，使企业的产品有计划、有目的地进入最有利润潜力的市场，在满足顾客需要的同时，实现企业的利润目标。

由此，市场营销学所研究的内容，实质上就是企业运用系统论的观念，充分掌握市场环境的变化规律，创造性地制定并实施市场营销战略。美国著名市场营销学家伊·布罗姆·麦卡锡提出的市场营销组合的四个基本要素：产品（Product）、价格（Price）、渠道（Place）、促销（Promotion），再加上策略（Strategy），简称4P's，这一理论即构成了现代市场营销学的基本内容。

四、市场营销的功能

现代企业市场营销主要有以下四个方面的功能：

1. 了解消费者需求

市场营销活动以满足消费者需求为中心，因此企业必须以了解和掌握市场需求为出发点。企业通过市场调查、分析预测等方式准确掌握各类需求的特点、现状及发展趋势，以指导企业生产经营活动。

2. 指导企业生产

在市场经济条件下，企业应该按需定产而不是按产定销。因此，应该以消费者需求作为企业生产的指导，将顾客需求及市场信息不断反馈给企业决策系统、生产系统、采购系统，以指导企业设计、生产和采购的产品在质量、性能、价格、品种、规格等方面与顾客需求相适应。

3. 开拓市场

企业应通过积极的营销活动主动挖掘、引导潜在需求，拓展市场，或及时推出新产品，开发新市场，提高企业产品的市场占有率。

4. 满足顾客需求

满足顾客需求是企业营销活动的目标，又直接影响到企业的长期生存和发展。因此，企业必须采用各种营销策略来满足顾客不断变化的需求，实现企业营销活动的有效化。

第二节　市场细分策略

一、市场细分的含义

所谓市场细分，就是企业通过市场调研，根据市场需求的多样性和消费者购买行为的差异性，把一个整体市场，即全部现实和潜在顾客分割为两个或更多的子市场的过程，每个子市场都由需求大致相同的消费者群构成。

市场细分是一种求大同存小异的市场分类方法，企业进行市场细分的主要任务是：明确区分消费者的相同需求，形成不同细分市场，根据具体细分市场对企业的吸引力，有针对性地设计和生产产品。

市场细分理论提出后，受到了企业的广泛重视和普遍应用，成为企业市场营销战略的主要内容，但也有的企业曾认为市场细分应越细越好，能充分满足消费者的不同需求，得到消费者的喜爱，企业就能有更好收益，然而事实证明，过度的市场细分只能使产品种类陡增，管理难度加大，产品成本上升，企业效益反而降低。因此，又出现了"市场同合"理论，提出寻求消费者群体中的某种共性，主张根据成本与收益的关系适度细分市场，实际上是一种理性的市场细分。

二、市场细分的作用

1. 有利于企业发现市场机会

通过细分整体结构，可以深入了解每一细分市场的具体需求及满足程度，可以发现细分市场未被满足的需求，从而发现市场机会，企业可以根据市场机会迅速做出反应来满足市场中未被满足的消费需求，在市场激烈的竞争中获取优势。

2. 有利于企业制订最佳营销策略

通过细分整体市场，企业能准确了解和掌握消费者需要及消费者对不同营销措施的反应，便于企业根据相关信息及时制订适合的营销组合方案和最佳营销策略。配合适当的售前、售中及售后服务，使消费者具体需求得到满足，提高企业的市场竞争能力。

3. 有利于企业提高经营效益

通过细分整体市场，企业可以选择一个或几个细分市场作为目标市场，通过深入研究市场需求的具体特点，集中有限资源，充分发挥自己的优势，有针对性地生产经营适销对路的产品。对新进入行业的企业或小企业，由于人力、物力、财力相对较弱，往往难与同行业其他先入企业或大企业相抗衡，通过细分市场，企业就能将自己的整体劣势转为局部市场上的优势，从而增强企业的竞争能力，提高企业经营效益。

三、市场细分的程序

一般情况下，市场细分的程序有以下三个步骤：

1. 市场调研

在确定研究目标的基础上制订调研计划，并通过各种方法收集包括产品的使用、消费者态度、习惯、爱好等相关资料。

2. 分析资料

对所收集的资料进行科学、有序的统计整理，在此基础上根据调查目的选择相应的分析指标，划分出差异最大的细分市场。

3. 具体细分

根据消费者的消费心理、消费行为、习惯、爱好等因素划分出不同消费群体，并根据主要的差异性特征给每个细分市场命名，例如，服装依年龄大小可进行细分，分别命名为童装市场、青少年服装市场、中年服装市场、老年服装市场；或按性别进行细分，分别命名为男性服装市场和女性服装市场。

四、市场细分的有效条件

市场细分有许多方法，但并非所有的细分都有效，要使经过细分后的市场能成为企业制定有效的营销战略和策略的基础，市场细分就必须具备一定的条件。

①差异性。即在该产品的整体市场中确实存在购买和消费上的明显差别，足以成为细分的依据。例如，洗发水按适合干性发质、适合中性发质、适合油性发质或按不同香型划分是有效的，而按男性、女性、中年、老年划分是无效的。

②可衡量性。即经过细分的市场必须是可以识别和衡量的，不仅有明显的范围，而且也能估量该市场的规模及其购买能力的大小，这样可为企业准确预测产品销量、盈利大小、是否决定细分提供基础。

③可进入性。即细分市场是企业能有效进入和为之服务的，如细分的结果发现已有很多的竞争者，自己无力与之抗衡，或虽有未满足的需求，但企业因缺乏原材料或技术，货源缺少，难以生产经营，或受法律限制无法进入等，这种细分市场就不宜贸然开拓。

④稳定性。即在一定时间内细分市场能保持相对稳定，企业在进入市场后相当一段时间内可不需要改变自己的目标市场。这样有利于企业较长时期的市场营销策略的制定，可避免市场变化剧烈带来的经营风险。

⑤效益性。即细分市场的容量能保证企业获得预期的经济效益。企业选择目标市场的目的，是为满足未被满足的消费需求并盈利。这就要求目标市场应有适当的规模、容量和购买力，不仅能保证企业在短期内盈利，而且能使企业保持较长时期的收益，使企业有一定的发展潜力。

五、目标市场策略

企业在进行目标市场抉择时，可按具体条件选择以下三种不同的策略。

1. 无差异市场策略

无差异市场策略又称无差别市场营销策略（同一性市场营销策略），是指不对整体市场进行细分，将全部市场作为企业的目标市场，以一种产品、一种营销方法来满足市场上所有消费者需求的策略。

采用这一策略的企业，主要着眼于顾客需求的同质性，对其差别忽略不计，认为市场上所有顾客对其产品有共同的需求和喜好。因此，企业只向市场推出单一的标准化产品，并以统一的营销方式销售。

无差异市场策略的优点是：企业能通过单一产品的大批量生产形成规模效应，降低产品成本，提高生产效率，减少产品开发费用，节省促销成本而取得价格优势，从而吸引最广泛的消费者。美国的可口可乐公司在相当长的一段时间里，因为拥有世界性的专利，只生产一种口味、一种瓶装的饮料而获得了饮料市场的霸主地位，这是企业采用无差异策略的一个典型案例。但是，市场消费需求的同质性是相对的，消费者的现实消费需求与欲望多种多样，实行无差异市场策略就有了它的不足之处：首先，单一产品和单一营销方式不能满足所有消费者的实际需求；其次，单一产品和单一营销方式容易被其他企业模仿，造成市场过多同质产品和企业之间的激烈竞争而消费者的差异性需求得不到满足；最后，其他企业的新产品或新的营销方式可能打破原有单一模式成为消费亮点，从而挤占企业原有市场，这对企业是很不利的。因此，这种以"不变应万变"的营销策略不能长期无条件应用，而要受到一些客观条件的限制。以下两种情况可以采用无差异市场策略：第一，消费者的挑选性不大、需求弹性较小的基本生活资料和主要工业原料，如棉花、粮食、油料、煤炭、工业用糖等；第二，经营的企业不多，竞争性不强的产品，如石油。

2. 差异市场策略

差异市场策略又称选择性市场营销策略（或非同一性市场策略），是企业在对整体市场细分的基础上针对每个细分市场的需求特点，设计和生产不同的产品，制订并实施不同的市场营销组合方案，以差异性产品满足差异性市场需求的策略。采用这一策略的企业主要着眼于消费者需求的异质性。把整体市场按消费者的一定特性进行细分，然后针对个别市场的不同需求和爱好，提供与其相适应的产品和采用适当的营销组合分别加以满足。例如，近年来，可口可乐公司转向采用这一策略，根据消费者的不同需求和爱好生产出不同型号、不同包装、不同口味的产品。

这一策略的优点是商品适销性强，可以满足消费者的不同需求。企业采用差异市场策略进行小批量、多品种生产，具有很大的优越性。一方面，能满足顾客的不同需要，提高产品竞争能力，减少企业的经营风险；另一方面，如果企业在数个细分市场都有良好的经营效果，会大大提高消费者对该企业的信赖程度和购买频率，提高消费者对企业品牌的忠诚，有利于企业新产品的推广。世界上越来越多的企业都采用了这种策略，并取得了经营上的成功。但是，实行差异市场策略，必然会使产品品种、型号、规格多样化，销售渠道的扩展及广告宣传活动的复杂化，导致生产经营费用、研发费用、管理费用及销售费用大幅增加，直接影响到产品的价格。因此，适宜采用差异市场策略的情况有：第一，消费者需求弹性较大的商品，如高档家具、高档电器、名牌服装等；第二，处于成长期和成熟期的产品，此时期产品市场竞争非常激烈，差异性经营可以提高企业竞争能力；第三，规格等级需求复杂的产品，差异市场策略可以满足不同消费者的需求。

3. 集中性市场策略

集中性市场策略又称密集性市场策略，是企业在市场细分的过程中，以一个或少数几个细分市场作为目标市场，制订一套营销方案，集中力量在目标市场上开展营销活动的策略。采用集中性市场策略的企业，生产经营重点突出，不盲目追求和扩大市场范围，通过集中力量于较小的市场上，实行高度专业化的生产和销售，取得较大的，甚至是支配地位的市场份额。

集中性市场策略的优点是：经营目标集中，能深入了解市场需要，针对具体需求予以满足，有利于在集中市场树立和巩固产品和企业形象；在较小市场上实行专业化生产经营，可节省成本和费用，取得良好经济效益，因此资源力量有限的小企业常常采用此策略，但是由于目标市场比较单一和窄小，若市场情况发生变化，企业就可能面临较大的市场风险。因此，选择这种策略应有风险防范意识和较好的应变能力。

第三节　市场营销组合策略

一、市场营销组合的含义

"营销组合"是美国哈佛大学教授尼尔·鲍顿（N. H. Bor den）于 1964 年首先提出的概念。同年，美国伊·杰罗姆·麦卡锡教授概括为 "4P's" 理论。该理论认为，市场营销组合策略可视为一个大系统，它是由相互联系的产品策略、定价策略、销售渠道策略以及促销策略四个子系统组成，每个系统又有其独立的结构，企业在明确自己的目标市场后就应针对该目标市场的具体需求，优化配置已有的资源，制定适合的营销策略，设计最佳的综合营销方案，以达到企业的预期目标。

因此，所谓市场营销组合就是企业针对目标市场的具体需求，综合运用各种可能的市场营销策略和手段，组合成系统化的整体策略，以实现企业经营目标，取得最好的经济效益。"4P's" 的提出明确了企业的营销活动应围绕产品、价格、销售渠道和促销四方面展开，针对目标市场的具体需求分别制定营销策略，从而形成不同的营销组合策略。

产品策略是指企业根据目标市场的具体需求，对产品的品种、质量、规格、式样、包装、特色、品牌以及各种服务和保证等要素进行恰当组合和运用，让消费者满意的策略。

价格策略是指企业在激烈的市场竞争中，对所提供的产品或服务的基本价格、折扣、津贴、优惠、付款方式、信贷条件、定价方法和定价技巧等要素进行有机组合和运用，以增强企业产品竞争力的策略。

销售渠道策略是指企业为使产品进入目标市场，而对产品的流转途径和环节、网点设置以及储存运输等要素进行有效组合和运用的策略。

促销策略是指企业为刺激消费者，促进产品销售，而对与产品促销有关的广告、人员推销、营业推广、公共关系等要素进行组合和运用的策略。

二、市场营销组合的特点

1. 可控性

市场营销组合中的因素的可控性。市场营销组合中的四个要素都是企业可以控制的。换言之，企业可根据市场的需要决定自己的产品结构、制定产品价格、选择分销渠道和促销手段，使它们组成最佳组合。当然，可控要素随时受到各种不可控的外部因素的影响，所以在实际运用时，要善于适应不可控要素的变化，灵活地调整内部可控要素。

2. 可变性

市场营销组合是一个动态组合，是一个变量。市场营销组合中的每一个要素都是一个变数，不断变化，同时又相互影响，每个要素是另一个要素的潜在替代者。同时在四大变数中，又包含着若干个小的变量，每个变数的变动都会引起整个营销组合的变化，形成一个新的组合。

3. 复杂性

营销组合是一个复合结构，4P's中的每一个要素本身又包含若干个二级要素，在这个基础上组成各个框架的二级组合。例如，产品策略是一个组合要素，而这个要素又可以划分为品种、质量、功能、式样、品牌、商标、服务、交货、退货条件等若干个二级要素。各个二级要素又可分为若干个三级组合要素。例如，促销策略的二级要素有广告，广告又可划分为各种不同的广告形式，如电视广告、广播广告、报纸广告、路牌广告等。因此，营销组合是一个多层次的复合结构。企业在确立营销组合时，首先应求得四个框架之间的最佳搭配，其次更要注意每个框架内的合理搭配，使所有的要素达到最有效的组合。

4. 整体性

市场营销组合的整体作用表现为：在企业营销活动中，营销组合的四大策略运用得当，所形成的整体营销合力大于四个策略单个运用的效力之和，这就是系统的整体作用。因此，企业营销效益的优劣，很大程度上取决市场营销组合策略的整体优势。

三、市场营销组合的作用

市场营销组合以系统理论为指导，把影响市场营销效果的各个可以控制的要素组织起来，给企业决策者提供了一个科学地分析和运用各种经营手段的思路和方法，以实现企业市场营销整体效果的最优化。对企业的营销活动来说，市场营销组合主要有以下四个方面的作用。

第一，市场营销组合是制定企业市场营销战略的基础。企业的市场营销战略通常由战略目标和战术目标组成，这两种目标相互依存，密不可分。一方面，包括利润目标、市场占有率目标、产品销售量目标等在内的战略目标必须建立在由市场营销诸要素所组成的战术目标的基础上；另一方面，作为企业战术目标的市场营销组合又是实现战略目标的保证。也就是说，企业只有以营销战略为依据，分析产品和市场的特点，结合自己的资源优势制定相应的市场营销组合，才能保证企业营销战略目标的实现。

第二，市场营销组合是企业市场营销的基本手段。为了更好地满足顾客需要，企业必须根据目标市场的特点确定适当的营销组合，使企业内部每个部门、每个员工的每项活动都以顾客为中心，相互协调，相互配合，保证企业从产品、价格、时间、地点和信息等方面全方位地满足顾客的需要，从而最有效地达到企业的营销目标。

第三，市场营销组合是企业应对竞争的有力武器。一般来说，每个企业都有自己的优势和劣势。竞争的取胜之道在于能客观地分析自己和对手的长处和短处，扬长避短，发挥优势。市场营销组合策略强调企业发挥自己的优势，根据自身的资源条件、市场环境的变化、市场竞争的格局及产品和市场的特点巧妙灵活地运用营销组合的各个要素，既突出重点，又有整体配合，从而取得竞争中的有利地位。

第四，市场营销组合是协调企业内部各部门工作的纽带。市场营销组合实质上就是整体营销，它不仅要求营销组合诸要素的协调配合，还要求企业内部各个部门增强整体观念，形成一个整体工作系统，彼此分工协作，共同满足目标市场的需求，努力实现企业的整体目标。

第四节　价格策略

一、定价的理论依据

价值规律的理论是定价的依据。价值是价格的基础，产品价格是产品价值的货币表现形式。价值决定价格，但价格并非与价值保持一致。在市场上发生的商品交换受到多种因素的影响和制约，如供求关系及其变动、竞争状况及政府干预等因素。这些因素有时致使价格与价值发生背离，价格高于或低于价值。但从一个较长的时期观察，价格总是以价值为中心并围绕着价值上下波动，这就是价值规律的表现。价值规律是反映商品经济特征的重要规律，是研究价格形成的理论指导。

二、影响价格的基本因素

价格形成及活动是商品经济中最复杂的现象之一，除了价值这个形成价格的基础因素外，现实中的企业价格的制定和实现还受到多方面因素的影响和制约，因此企业应给予充分的重视和全面的考虑。为了科学地进行产品定价，必须研究分析影响定价的基本因素，价格实际上是各因素综合影响的结果。影响定价的主要因素有以下三种。

（一）竞争环境

竞争环境是影响企业定价不可忽视的因素。不同的市场环境存在着不同的竞争强度。企业应该认真分析自己所处的市场环境，并考察竞争者提供给市场的产品质量和价格，从而制定对自己更为有利的价格。

企业所面临的竞争环境一般有以下四种情况。

1. 完全竞争市场

企业产品如果进入完全竞争市场，只能接受在市场竞争中形成的价格。要获取更多的利润，只能通过提高劳动生产率，节约成本开支，使本企业成本低于同行业的平均成本。

2. 不完全竞争市场

在这类市场，价格竞争和非价格竞争都很激烈，本企业产品价格受同类产品价格的影响很大。因此，企业可以根据其提供的产品或服务的"差异"优势，部分地变动价格来寻求较高的利润。

3. 寡头竞争市场

寡头竞争市场的特征有：

第一，生产的产品相同或是有很近似的替代品。

第二，市场进入非常困难。

第三，企业数目很少，每个企业的市场份额都相当大，足以对价格的制定产生举足轻重的影响。

第四，市场价格相对稳定，在这种市场结构中，几家企业相互竞争又相互依存，哪一家企业都不能随意改变价格，因为任何一个企业的价格变动都会导致其他企业迅速而有力地反应而难独自奏效。企业产品进入这一市场，由于彼此价格接近，应十分注重成本意识。

4. 完全垄断市场

完全垄断市场的某种产品或服务只由某个企业独家提供，几乎没有竞争对手，通常有政府垄断和私人垄断之分。

形成垄断的原因有：

（1）技术壁垒

如祖传秘方，若不外传便具有垄断性。

（2）资源独占

如颐和园只有一个，这就形成旅游业的垄断市场。

（3）政府特许

由于垄断者控制了进入市场的种种障碍，因此它能完全控制市场价格。

（二）产品成本

产品成本是指产品在生产过程和流通过程中所花费的物质消耗及支付的劳动报酬的总和。

一般来说，产品成本是构成价格的主体部分，且同商品价格水平呈同方向运动。产品成本是企业实现再生产的起码条件，因此企业在制定价格时必须保证其生产成本能够收回。随着产量增加以及生产经验的积累，产品的成本不断发生变化，这便意味着产品价格也应随之发生变化。

产品成本有个别成本和社会成本两种基本形态。个别成本是指单个企业生产商品所耗费的实际生产费用。社会成本是指部门内部不同企业生产同种商品所耗费的平均成本，即社会必要劳动时间，又称部门平均成本，它是企业制定商品价格时的主要依据。由于各企业的资源条件和经营管理水平不同，其个别成本与社会成本必然会存在差异，因此企业在定价时，应当根据本企业个别成本与社会成本之间的差异程度分别谋取较高利润、平均利润、较低利润，甚至不得不忍受亏损。

（三）供求关系

供求规律是商品经济的内在规律，产品价格受供求关系的影响围绕价值发生变动。

1. 价格与需求

这里说的需求，是指有购买欲望和购买能力的有效需要。在其他因素不变的情况下，价格与需求量之间有一种反向变动的关系：需求量随着价格的上升而下降，随着价格的下降而上升，这就是通常所说的需求规律。

2. 价格与供给

供给是指在某一时间内，生产者在一定的价格下愿意并可能出售的产品数量。有效供给必须满足两个条件：有出售愿望和供应能力。在其他因素不变的条件下，价格与供给量之间存在正相关关系：价格上升供给量增加，价格下降供给量下降。

3. 供求与均衡价格

受价格的影响，供给与需求的变化方向是相反的。如果在一个价格下，需求量等于供给量，那么市场将达到均衡，这个价格称为均衡价格，这个交易量称为均衡量。当市场价格偏高时，购买者减少购买量使需求量下降，而生产者受高价吸引增加供应量，使市场出现供大于求的状况，产品积压必然加剧生产者之间的竞争使价格下跌。当市场价格偏低时，低价引起购买数量的增加，但生产者因价格降低减少供给量，使市场供小于求，购买者之间产生竞争导致价格上涨。如此变化的结果，迫使价格趋向供求平衡时对应的价格。均衡价格即理论上的销售价格是相对稳定的价格；但是，由于市场情况的复杂性和多样性，供求之间的平衡只是相对的、有条件的，不平衡则是绝对的、经常性的。

4. 价格与需求弹性

（1）需求弹性的含义

需求弹性又称需求价格弹性，是指因价格变动所引起的需求相应的变动率，反映了需求变动对价格变动的敏感程度。需求弹性用弹性系数 E 表示，该系数是需求量变动百分比与价格变动百分比的比值。

$$E = \frac{\Delta \dfrac{Q}{Q}}{\Delta \dfrac{P}{P}} = \frac{\Delta Q}{\Delta P} \times \frac{P}{Q}$$

式中：Q ——原需求量；

P ——原价格；

ΔQ ——需求变动量；

ΔP ——价格变动量。

（2）需求弹性类型

由于价格与需求一般呈反方向变动，因此弹性系数是一个负值，采用时取其绝对值。不同的产品具有不同的需求弹性。从弹性强弱角度决定企业的价格决策，主要有以下几种类型。

① $E = 1$，需求单元价格弹性，反映需求量与价格等比例变化。对这类产品，价格无

论怎么变化都不会对总收入产生多大影响。因此企业定价时，可选择实现预期盈利率为价格或选择通行的市场价格，同时把其他营销策略作为提高盈利率的手段。

② $E>1$，需求弹性大或富有弹性，反映了价格的微小变化都会引起需求量大幅度变化。定价时，应通过降低价格、薄利多销来增加盈利。反之，提价时务求谨慎，以防需求量锐减、影响企业收入。这种弹性的商品，如计算机、汽车、昂贵装饰品等高档产品、奢侈品等。

③ $E<1$，需求缺乏价格弹性，需求量的变化小于价格自身的变动。定价时，较高水平的价格往往能增加盈利，低价对需求量的刺激不大，薄利不能多销，相反会降低企业的总收入。如粮食、盐、煤气等生活必需品便属于此类，人们不会因为价格上涨而少买许多，也不会因价格下跌而多买许多。

三、企业定价目标

企业定价还受到企业定价目标的影响，不同的定价目标会形成企业不同的定价方法和策略，从而定出不同的价格。

1. 获取理想利润目标

这一目标即企业期望通过制定较高的价格，迅速获取最大利润。采取这种定价目标的企业，其产品多处于绝对有利的地位。一般而言必须具备两个条件：一是企业的个别成本低于部门平均成本；二是该产品的市场需求大于供应。在这种情况下，企业可以把价格定得高于按平均利润率计算的价格。

但使用这种定价目标要注意的问题是：由于消费者的抵抗、竞争者的加入、代用品的盛行等原因，使企业某种有利的地位不会持续长久，高价也最终会降至正常水平。因此，企业应该着眼于长期理想利润目标，兼顾短期利润目标，不断提高技术水平，改善经营管理，增强竞争力。

2. 适当投资利润率目标

这一目标即企业通过定价，使价格有利于实现一定投资报酬为定价目标。采取这种定价目标的企业，一般是根据投资额确定的利润率，然后计算出各单位产品的利润额，把它加在产品的成本上，就成为该产品的出售价格。

采用这种定价目标应该注意两个问题：第一，要确定合理的利润率。一般来说，预期的利润率应该高于银行的存款利息率，但又不能太高，否则消费者不能接受。第二，产品必须是畅销的，否则预期的投资利润率就不能实现。

3. 维持和提高市场占有率目标

这一目标着眼于追求企业的长远利益，有时它比获取理想利益目标更重要。市场占有率的高低反映了该企业的经营状况和竞争能力，从而关系到企业的发展前景。因为从长期来看，企业的盈利状况是同其市场占有率正向运动的。为了扩大市场占有率，企业必须相对降低产品的价格水平和利润水平。但是，采用这一策略必须和大批量生产能力结合起来。因为降价后市场需求量急剧增加，如果生产能力跟不上，造成供不应求，竞争者就会乘虚而入，反而会损害本企业利益。

4. 稳定市场价格目标

这种定价目标是企业为了保护自己，避免不必要的价格竞争，从而牢固地占有市场，在产品的市场竞争和供求关系比较正常的情况下，在稳定的价格中取得合理的利润而制定商品价格。这一策略往往是行业中处于领先地位的大企业所采取。这样做的优点在于：市场需求一时发生急剧变化价格也不致发生大的波动，有利于大企业稳固地占领市场。

5. 应付竞争目标

这是竞争性较强的企业所采用的定价策略。为应付竞争，在定价前应注意收集同类产品的质量和价格资料，与自己的商品进行比较，然后选择应付竞争的价格：①对力量较弱的企业，应采用与竞争者价格相同或略低于竞争者的价格；②对力量较强又想扩大市场占有率的企业，可采用低于竞争者的价格；③对资本雄厚，并拥有特殊技术的企业，可采用高于竞争者的价格；④有时可采取低价，从而迫使对手退出市场或阻止对手进入市场。

当然，企业所处的地理位置、政府对某些商品价格的规定等也是影响价格的因素。

四、定价方法

（一）成本导向定价法

在成本的基础上加上一定的利润和税金来制定价格的方法称为成本导向定价法。由于产品形态不同以及在成本基础上核算利润的方法不同，成本导向定价法可分为以下几种形式。

1. 成本加成定价法

成本加成定价法是在单位产品完全成本的基础上，加上一定比例的利润和税金，构成单位产品的价格。采用成本加成定价法一般是按成本利润率来确定的，其计算公式为：

$$单位产品单价 = （完全成本+利润+税金）÷产品产量$$

产品单价=单位产品完全成本（1+成本利润率）÷（1-税率）

成本利润率=要求提供的利润总额÷产品成本总额×100%

采用成本加成定价法，确定合理的成本利润率是一个至关重要的问题。而成本利润率的有效确定必须研究市场环境、竞争程度、行业特点等多种因素。某一行业的某一种产品在特定市场以相同的价格出售时，成本低的企业能获得较高的利润率，并在激烈的市场竞争中有较大的回旋空间。

成本加成定价法的优点：计算简便，成本资料可直接获得，便于核算；价格能保证补偿全部成本并满足利润要求。这种定价法的缺点：定价所依据的成本是个别成本，而不是社会成本或行业成本。因此，制定的价格可能与市场价格有一定偏离，价格难以反映市场供求状况和竞争状况，定价方法也不够灵活。这种定价方法适用于经营状况和成本水平稳定的企业，适用于供求大体平衡、市场竞争比较缓和的产品，一般卖方市场条件下使用较多。

2. 目标成本加成定价法

目标成本加成定价法是以目标成本为基础，加上预期的目标利润和应缴纳税金来制定价格的方法。上述涉及的完全成本是企业生产经营的实际成本，是在现实生产经营条件下形成的成本支出，它同将来的生产经营条件没有必然的联系。目标成本则属于预期成本或计划成本，它同制定价格时的实际成本会有一定差别。目标成本加成法的计算公式为：

产品价格=目标成本×（1+目标利润）÷（1-税率）

目标成本=价格×（1-税率）÷（1+目标利润）

目标利润率=预期目标总利润÷目标成本×目标销售量×100%

目标成本并不是实际成本，它受预期定价、预期利润、目标利润率、目标销售量以及税率等多种因素的影响。其中，税率是法定的，企业无修改的权力。所以，在确定目标成本时必须建立在对价格、成本、销售量和利润进行科学预测的基础上，不能凭主观想象，才能使定价与实际相符合，以实现预期利润。

3. 边际贡献定价法

所谓边际贡献是指产品销售收入与产品变动成本的差额，单位产品边际贡献指产品单价与单位产品与单位产品变动成本的差额。边际贡献弥补固定成本后如有剩余，就形成企业的纯收入；如果边际贡献不足弥补固定成本，那么企业将发生亏损。在企业经营不景气、销售困难、生存比获取利润更重要时，或企业生产能力过剩，只有降低售价才能扩大销售时，可以采用边际贡献定价法。

边际贡献定价法的原则是，产品单价高于单位变动成本时就可以考虑接受。因为不管企业是否生产、生产多少，在一定时期内固定成本都是要发生的。而产品单价高于单位变动成本，这是产品销售收入弥补变动成本后的剩余，可以弥补固定成本，以减少企业的亏损（在企业维持生存时）或增加企业的盈利（在企业扩大销售时）。这种方法的基本计算公式如下：

$$单位商品销售价格＝（总的变动成本＋边际贡献）÷总销量$$

4. 盈亏平衡定价法

盈亏平衡定价法又称收支平衡定价法，是适用盈亏平衡原理实行的一种保本定价方法。首先计算盈亏平衡点产量，其公式为：

$$盈亏平衡点产量＝固定成本÷（单位产品价格－单位可变成本）$$

当企业的产量达到盈亏平衡点产量时，企业不盈不亏，收支平衡，保本经营。保本点价格的计算公式为：

$$保本点价格＝固定成本÷盈亏平衡点产量＋单位产品变动成本$$

如果企业把价格定在保本点价格上则只能收回成本，不能盈利；若高于保本点定价便可获利，获利水平取决于高于保本点的距离；如低于保本定价点，企业无疑是亏损的。因此，也可以将盈亏平衡定价法理解为：它规定了在产量一定的情况下，什么价格是保证企业不亏本的最下限价格。

（二）竞争导向定价法

竞争导向定价法是根据竞争者产品的价格来制定企业产品价格的一种方法。常用的有以下三种方法。

1. 随行就市定价法

随行就市定价法即企业根据同行业企业的平均价格水平定价。在竞争激烈的情况下，是一种与同行和平共处、比较稳妥的定价方法，可避免风险。

2. 追随定价法

追随定价法即企业以同行为主导企业的价格为标准制定本企业的产品价格。此方法可避免企业之间的正面价格竞争。

3. 密封投标定价法

密封投标定价法是一种竞争性很强的定价方法。一般在购买大宗物资、承包基建工程时发表招标公告，由多家卖主或承包者在同意招标人所提出的条件的前提下，对招标项目提出报价，招标者从中择优选定。

(三) 需求导向定价法

需求导向定价法是以消费者对产品价值的理解程度和需求强度为依据的定价方法。主要方法有以下几种。

1. 理解价值定价法

理解价值又称感受价值、认知价值,是指消费者对某种商品的主观评判。理解价值定价法是指企业不以成本为依据,而以消费者对商品价值的理解度为定价的依据。使用这种方法定价,企业首先应以各种营销策略和手段影响消费者对产品的认知,形成对企业有利的价值观念,然后再根据产品在消费者心目中的价值来制定价格。理解价值定价法的关键在于获得消费者对有关商品价值理解的准确资料。企业如果过高估计消费者的理解价值,价格就可能过高,这样会影响商品的销量;反之,如果企业低估了消费者的理解价值,其定价就可能低于应有的水平,企业可能会因此减少收入。所以,企业必须搞好市场调查,了解消费者的消费偏好,准确地估计消费者的理解价值。

2. 区分需求定价法

根据需求的差异,对同种产品或服务制定不同价格的方法称为区分需求定价法,也叫“价格歧视”。主要定价方式有:

(1) 因顾客而异。同种产品或服务,对不同职业、收入、阶层或年龄的消费群体制定不同的价格,企业可根据上述差异在定价时给予相应的优惠或提高价格。

(2) 因式样而异。对式样不同的同种商品制定不同的价格,价格差异比例往往大于成本差异的比例。

(3) 因时间而异。根据产品季节、日期及钟点上的需求差异制定价格。

(4) 因空间而异。企业根据自己产品销售区域的空间位置来确定商品的价格。

(5) 因用途而异。同一种商品有时会有不同的用途和使用量,因而价格也应有所区别。

实行区分需求定价法要具备一定的前提条件:一是市场能根据消费者的需求强度进行细分;二是细分后的市场在一定时期内相对独立,互不干扰;三是竞争者不可能在企业以高价销售产品的市场上以低价销售;四是价格差异程度不会引起消费者的不满或反感。

五、定价策略

（一）新产品定价策略

1. 撇脂定价策略

撇脂定价策略是如同把热牛奶上的一层油脂精华取走一样，企业在新产品刚投放市场时把价格定得很高，以求在尽可能短的期限内迅速获取高额利润，而后随商品的进一步成长再逐步降低价格。采用此策略的企业商品一上市便高价获利，这是因为新产品能对消费者产生新的吸引力。

实行撇脂定价策略必须有一定的条件。首先，新产品比市场上现有产品有显著的优点，能使消费者"一见倾心"；其次，在产品新上市阶段，商品的需求价格弹性较小或者早期购买者对价格反应不敏感；最后，短时期内由于仿制等方面的困难，类似仿制产品出现的可能性小，竞争对手少。此策略的优点是尽早争取主动，达到短期最大利润目标，有利于企业的竞争地位的确定。但缺点也十分明显，由于定价过高，有时渠道成员不支持或得不到消费者的认可，同时，高价厚利会吸引众多的生产者和经营者转向此产品的生产和经营，加速产品的市场竞争。

2. 渗透定价策略

渗透定价策略又称渐取定价策略，是指企业在新产品投放市场的初期，将产品价格定得相对较低以吸引大量购买者，获得较高的销售量和市场占有率。这种策略同撇脂定价策略正相反，是以较低的价格进入市场，具有鲜明的渗透性和排他性。

采用渗透策略的条件：商品的市场规模较大，存在强大的竞争潜力；商品的需求价格弹性较大，稍微降低价格，需求量就会大大增加，通过大批量生产能降低生产成本。

渗透策略的优点：可以占有比较大的市场份额，通过提高销售量来获得企业利润，也较容易得到销售渠道成员的支持，同时，低价低利对阻止竞争对手的介入有很大的屏障作用。其不利之处在于定价过低，一旦市场占有率扩展缓慢，收回成本速度也慢。有时低价易让消费者对商品的质量产生怀疑。

3. 满意定价策略

满意定价策略是一种介于撇脂定价和渗透定价之间的折中定价策略，其新产品的价格水平适中，同时兼顾生产企业、购买者和中间商的利益，能较好地为各方面所接受。正是由于这种定价策略既能保证企业获得合理的利润，又能兼顾中间商的利益，还能为消费者所接受，所以称为满意定价。

这种价格策略的优点：满意价格对企业和顾客都是较为合理公平的，由于价格比较稳定，在正常情况下盈利目标可按期实现。其缺点：价格比较保守，不适于竞争激烈或复杂多变的市场环境。这一策略适用于需求价格弹性较小的商品，包括重要的生产资料和生活必需品。

以上三种新产品定价策略利弊均有，并有其相应的适用环境。企业在运用时，具体采用哪种策略应从企业的实际情况、生产能力、市场需求特征、产品差异性、预期收益、消费者的购买能力和对价格的敏感程度等因素出发，综合分析，灵活运用。

（二）产品阶段性定价策略

产品阶段性定价策略是指在对产品经济生命周期进行分析的基础上，依据产品生命周期不同阶段的特点而制定和调整价格。

1. 投入期定价策略

一般可参考新产品的定价策略，对上市的新产品（或者是经过改造的老产品）采取较高或较低的定价。

2. 成长期定价策略

这一阶段，消费者接受了产品，销售量增加，一般不贸然降价。但如果产品进入市场时价格较高，市场上又出现了强有力的竞争对手时，企业为较快地争取市场占有率的提高，也可以适当降价。

3. 成熟期定价策略

这一阶段，消费者人数、销售量都达到最高水平并开始出现回落趋势，市场竞争比较激烈，一般宜采取降价销售策略。但如果竞争者少也可维持原价。

4. 衰退期定价策略

这一阶段，消费者兴趣转移，销售量剧烈下降，一般宜采取果断降价的销售策略。但如果同行业的竞争者都已退出市场，或者经营的商品有保存价值，也可以维持原价，甚至提高价格。

各类产品在其产品生命周期的某个阶段一般具有共同的特征，但由于不同种类产品的性质、特点及其在国计民生中的重要程度、市场供求状况的不同，对不同的产品采取的定价策略要实事求是，机动灵活。

（三）折扣定价策略

1. 数量折扣

数量折扣是指按顾客购买数量的多少给予不同的价格折扣的策略，也是企业运用最多的一种价格折扣策略。一般来说，顾客购买的数量越多或数额越大折扣越高，以鼓励顾客大量购买或一次性购买多种商品，并吸引顾客长期购买本企业的商品。数量折扣分为累计数量折扣和非累计数量折扣。累计数量折扣是指在一定时期内累计购买超过规定数量或金额给予的价格折扣，其优点在于鼓励消费者成为企业的长期顾客。非累计数量折扣是指按照每次购买产品的数量或金额确定折扣率，其目的在于吸引顾客大量购买商品，利于企业组织大批量销售，以节约流通费用。企业采用数量折扣有助于降低生产、销售、储运和记账等各环节的成本费用。

2. 现金折扣

现金折扣是指企业为了鼓励购买者尽早付清货款，加速资金周转，规定凡提前付款或在约定时间付款的买主可享受一定的价格折扣。运用现金折扣策略，可以有效地促使顾客提前付款，从而有助于盘活资金，减少企业的利率和风险。折扣大小一般根据付款期间的利率和风险成本等因素确定。

3. 季节折扣

季节折扣是指企业生产经营季节性产品，为鼓励买主提早采购或在淡季采购而给予的一种价格折让。在季节性商品销售淡季，资金占用时间长，这时如果能扩大产品销售量，便可加快资金周转，节约流通费用。在这种情况下，卖方以价格折扣来鼓励买方在淡季购买商品，并向其转让一部分因节约流通费用带来的利润，这对买卖双方都是有积极意义的。厂家和中间商之间采用季节折扣可以促使中间商提早进货，保证企业生产正常进行。而零售企业在销售活动中实行季节折扣，能促进消费者在淡季提前购买商品，减少过季商品库存，加速资金周转。

4. 业务折扣

业务折扣又称同业折扣或功能折扣，是生产厂家给予批发企业和零售企业的折扣，折扣的大小因商业企业在商品流通中的不同功能、作用而异。对批发商来厂进货给予的折扣一般要大些，零售商从厂方进货的折扣低于批发企业。

（四）心理定价策略

心理定价策略指企业针对消费者心理活动和变化定价的方法与技巧。一般在零售企业中对最终消费者应用得比较多。常用的心理定价策略主要有以下六种：

1. 组合定价策略

组合定价策略是企业迎合消费者求全的心理将两种或两种以上有关联的商品合并制定一个价格，具体做法是将这些商品捆绑在一起或装入一个包装物中。此策略易激发消费者的购买欲望，有促进多种商品销售成效的作用。

2. 尾数定价策略

尾数定价策略是指企业在制定产品价格时以零头数结尾。据心理学家分析，消费者通常认为整数价格如 10 元、20 元、200 元等是概略价格，定价不准确，而认为非整数价格如 9.96 元、19.95 元、198 元等是经过精确核算的价格，容易产生安全和信任的感觉，这满足了消费者求廉的心理。对价格较低的商品，特别是日用消费品采用尾数定价策略，能使消费者对商品产生便宜的感觉，因而能迅速做出购买决策。

3. 整数定价策略

整数定价策略也叫声望定价或整数原则，即在消费者购买比较注重心理需要的满足的商品时，把商品的价格定为整数。名店、名牌商品采用整数定价策略以提高商品的身份，进而起到标识和提高消费者身份的作用。对一些需求价格弹性不高的商品采用整数定价可以方便结算和提高工作效率。

4. 期望与习惯定价策略

根据消费者的愿望、购买习惯和接受水平制定价格。日用消费品的价格通常容易在消费者心目中形成一定的习惯性标准。

5. 安全定价策略

安全定价策略也叫"一揽子定价"策略。针对消费者在购买大件耐用消费品时担心维修不便等心理，把商品本身的价格与确保消费者安全使用的费用加总计算，并将送货上门、代修代装、免费换易损件等售中、售后服务的措施广泛宣传，消除购买者的心理障碍，降低消费者的消费风险，增强安全感。

6. 特价品定价策略

企业将商品的价格定得低于市价，并广泛宣传，引起消费者的兴趣，此策略常在经营多品种的超级市场、百货商店使用。许多超级市场常年有特价产品，其特价商品常配有醒目的黄色标签。企业有意将店中的几种商品的价格标低，有时甚至低于成本以吸引顾客来店，目的在于召唤顾客，引发连带购买行为。

第五节 促销策略

一、促销与促销组合

所谓促销，是指通过人员或非人员的方法传播商品信息，帮助和促进消费者熟悉某种商品或服务，并促使消费者对商品或服务产生好感与信任，继而使其踊跃购买的活动。从核心和实质来看，促销就是一种信息沟通，通过各种各样的手段和方式实现企业与中间商、企业与最终用户之间的各种各样的信息沟通。另外，通过信息沟通促销又能传递最终用户和中间商对生产者及有关产品的各种各样的评价。

促销的目的就是通过各种形式的信息沟通来引发、刺激消费者产生购买欲望直至发生购买行为，实现企业产品的销售。促销的方式主要有人员促销和非人员促销两类。人员促销就是企业派出推销人员，与消费者进行面对面的直接沟通，说服顾客购买。非人员促销主要是指借助广告、公关和各种各样的销售促进方式进行信息沟通，达到引发、刺激消费者产生购买欲望直至发生购买行为，实现企业产品销售的目的。这两种方式各有利弊，起着相互补充的作用。此外，目录、通告、赠品、店标、陈列、示范、展销等也都属于促销策略的范围。一个好的促销策略，往往能起到多方面作用，如提供信息情况，及时引导采购；激发购买欲望，扩大产品需求；突出产品特点，建立产品形象；维持市场份额，巩固市场地位；等等。一般来说，人员促销针对性较强，但影响面较窄；而非人员促销影响面较宽，针对性较差。企业促销时，只有将两者有机结合并加以运用，方能发挥其理想的促销作用。

把各种促销方式有机搭配和统筹运用的过程就称为促销组合。促销组合是对各种促销形式的有机统配。

二、人员推销

人员推销是一个由销售员与顾客进行面对面沟通的过程。通过交流，销售员了解潜在购买者的欲望和要求，介绍产品的功能与特点，推销产品，以满足购买者的需要。人员推销还能与购买者建立起长期良好的关系。

人员推销在众多促销方式中显现出了不可替代的优点，主要表现在以下四个方面。

1. 信息传递的双向性

作为一种促销方式，只有人员推销这种形式能实现双向的信息沟通。

一方面，它可以把企业的有关信息传递给最终用户和中间商，也就是推销对象；另一方面，推销人员通过和推销对象面对面的接触，可以与推销对象进行有关企业、产品、品牌、竞争对手等方面的信息传递或信息反馈。通过这种双向信息沟通，企业可以及时、准确地了解到市场方面的有关情况和信息，为企业营销决策的调整提供依据。这种沟通起到了重要的信息源的作用。

2. 推销目的的双重性

企业派推销人员向推销对象推荐各种产品与服务，主要目的就是尽可能多地实现商品销售。另外，它在这一过程中还可以实现市场调研。因此，推销的目的有两种：一是推销商品；二是市场调研。

在实践中，往往存在着不能充分、有效地发挥人员推销之优点的现象，主要是因为推销人员在市场调研方面的作用没有得到很好的发挥。也就是说，企业在派推销人员进行推销和信息沟通时，应该要求推销人员定期或不定期地提交市场调查报告，这是企业建立市场营销信息系统、建立客户档案的一项重要的基础性工作。推销人员源源不断地从推销对象那里获取的大量信息有利于建立、修改或完善市场营销信息系统。

3. 推销过程的灵活性

通过人与人之间面对面的接触，推销人员可以及时地回答推销对象对企业和产品各个方面的质疑，以消除推销对象、最终用户的疑虑。同时，在面对面接触的过程中，还可以针对产品价格、付款时间、交货地点等问题进行灵活机动的洽商，这对交易的达成是非常有利的。

4. 友好协作的长期性

由于推销人员和推销对象经常接触，相互之间容易结成深厚的友谊，这种友谊的建立可以为进一步建立贸易合作伙伴关系奠定深厚的基础，这是其他促销形式所不具备的优点。

所以，人员推销这种形式要求推销人员注重关系营销，注重友好关系的建立、维系与发展。

三、广告

广告是通过一定媒体向用户推销产品或招徕、承揽服务以达到增加了解和信任以至扩大销售目的的一种促销形式。当今世界，商业广告已十分发达，很多企业、公司、商业部门都乐于花费大量资金做广告。

（一）广告的功能和效用

人们把广告比作信息传播的使者、促销的催化剂、企业的"介绍信"、产品的"敲门砖"，甚至有人认为在今后的社会里，没有广告就没有产品，没有广告就没有效益，没有广告的企业将寸步难行。这就是说，广告是企业促销必不可少的手段。能否有效地使用广告将直接关系到企业的成败。

1. 广告是最大、最快、最广泛的信息传递媒介

通过广告，企业或公司能把产品与服务的特性、功能、用途及供应厂家等信息传递给消费者，沟通产需双方的联系，引起消费者的注意与兴趣，促进购买，加速商品流通和销售。

2. 广告能激发和诱导消费

消费者对某一产品的需求往往是一种潜在的需求，这种潜在的需要与现实的购买行动有时是矛盾的。广告造成的视觉、感觉映象以及诱导往往会勾起消费者的现实购买欲望。

3. 广告能较好地介绍产品知识、指导消费

广告可以全面介绍产品的性能、质量、用途、维修安装等，并且消除消费者的疑虑，消除他们由于维修、保养、安装等问题而产生的后顾之忧，从而产生购买欲望。

4. 广告能促进新产品、新技术的发展

新产品、新技术的出现靠行政手段推广既麻烦又缓慢，局限性很大，而通过广告直接与广大消费者见面，能使新产品、新技术迅速在市场上站稳脚跟，获得成功。

（二）广告策划

广告策划就是通过细致周密的市场调查与系统分析，充分利用已经掌握的知识（信息、情报与资料等）和先进的手段，科学、合理、有效地部署广告活动的过程。简而言之，广告策划就是对广告运作的全过程做预先的考虑与设想，是对企业广告的整体战略与策略的运筹与规划。

一项较完整的广告策划主要包括以下六个方面的内容：

1. 市场调查

市场调查是进行广告策划的基础。只有对市场和消费者了解透彻，对有关信息和数据掌握充分，才可能做出较为准确的策划。市场调查安排就是确定要向什么市场、什么用户、进行何种方式的调查。

2. 消费心理分析

对消费者心理与行为的分析、研究是广告策划的前提。具体来讲，只有准确地把握住消费者的需要、动机、注意、知觉、记忆、想象、态度、情感与情绪等心理因素，才能有效地进行准确的广告定位与较高水平的广告创意。

3. 广告定位

广告定位是为了突出广告商品的特殊个性，即其他同类商品所没有的优异之点，而这些优点正是特定的用户所需要的。广告定位确定了广告商品的市场位置，符合消费者的心理需求，可以保障广告取得成功。有了准确的广告定位，广告主题也就可以确定下来。

4. 广告创意

广告创意是决定广告策划成败的关键。广告定位之后的问题就是如何根据广告定位把握广告主题，形成广告创意。成功的广告在于它能运用独创的、新奇的诉求策略与方法准确地传递出商品信息，有效地激发消费者的购买动机与欲望，持续地影响其态度与行为。

5. 广告媒介安排

这是广告策划中直接影响广告传播效果的重要问题。媒介选择和发布时机安排得当，广告发布的投入产出效果就比较好；反之，企业投放的广告就不能收到预期的效果。

6. 广告效果测定

广告效果测定是全面验证广告策划实施情况的必不可少的工作。企业委托的广告公司的工作水平、服务质量如何，整个广告策划是否成功，企业是否感到满意和更有信心，将以此为依据来做出评价。

第五章　战略管理

第一节　战略的内涵

一、战略

"战略"最早是军事方面的概念，指军事将领指挥军队作战的谋略，战略的特征是发现智谋的纲领。

在中国，"战略"一词历史久远，"战"指战争，"略"指"谋略"。春秋时期孙武的《孙子兵法》被认为是中国最早对战略进行全局筹划的著作。在现代，"战略"一词被引申至政治和经济领域，其含义演变为泛指统领性、全局性、左右胜败的谋略、方案和对策。

战略的本质是抉择、权衡和各适其位。在管理学领域，通常将战略定义为组织为适应外部环境的变化，谋求长期的生存和发展，有效地运用组织的内部资源，对组织全局性的目标、方针进行运筹规划。

如果从产业层次来看，战略表现为一种定位，而从企业层次来看，战略则表现为一种观念。此外，战略也表现为企业在竞争中采用的一种计谋。这是关于企业战略比较全面的看法。

从战略在经济管理活动中的地位和作用的本质特点来考虑，可以将企业战略定义为企业根据市场状况，结合自身资源，通过分析、判断、预测设立远景目标，并对实现目标的发展轨迹进行的总体性和指导性的谋划。企业战略界定了企业存在的使命、产品与市场范围、发展方向经营、竞争优势和协同作用等坐标，明确了企业的经营目标和行动方案。

二、战略的制约因素

战略受多种因素的制约，主要有四个方面：

1. 政治因素

政治对战略具有统率和支配作用，决定战略的性质和目的，赋予其任务和要求，影响战略的制定、实施和调整。战略服从并服务于政治，满足政治的要求，完成政治赋予的任务。制定和实施战略强调注重政治，充分考虑敌对双方的政治情况、战略的政治目的和政策要求，并善于运用政治手段。

2. 经济因素

战略是以一定的生产力为基础，并随着生产力的发展而发展的。经济能推动战略的发展，提高战略对环境变化的承受能力和应变能力，增强作战手段的选择性。经济制约战略目标、战略方向、战略重点和战争规模的选择与确定。制定和实施战略必须考虑敌对双方的经济情况。经济利益上的矛盾和冲突是爆发战争和发生军事冲突的基本动因。战略所追求的目的归根结底是为了维护或获得一定的经济利益。

3. 科学技术因素

科学技术是第一生产力，也是战斗力。敌对双方现有的科学技术水平是制定和实施战略的重要依据之一。当代高新技术与新式武器装备在军事上的广泛应用使战争的爆发方式、规模、强度、过程、阶段、持续时间和结局都发生了一系列变化，从而引起了战略思想、作战方式方法、作战手段和战略理论的发展变化。积极发展高新技术，更新武器装备，为实现战略提供可靠的物质条件，并预见科学技术发展对战略的影响，以适应战略的需求。

4. 地理因素

地理因素与国家安全有着直接的联系。国家的地理位置、幅员、人口、资源、交通等情况影响军事力量的强弱及效能的发挥。国家的地理位置、地形、气象、水文和周边的地理环境对军种兵种建设、武器装备发展方向、战场建设、作战形式、作战行动、战略指挥和战略思想都有重大的影响。制定和实施战略强调重视敌对双方的地理因素，趋利避害，扬长避短，力求使武器装备和作战方式方法与战场地理环境特点相适应。

三、战略的构成要素

战略的构成要素主要有四个方面。

1. 战略目的

战略目的是战略行动所要达到的预期结果，是制定和实施战略的出发点和归宿点。战略目的是根据战略形势和国家利益的需要确定的。不同性质的国家和军队，其战略的目的不同。对奉行防御战略的国家来说，维护国家和民族的根本利益、长远利益和整体利益，特别是维护国家的领土主权完整和统一是战略的基本目的。确定战略目的强调需要与可能相结合，具有科学性和可行性，符合国家的路线、方针和政策，与国家的总体目标和国力相适应，满足国家在一定时期内对维护自身利益的基本要求。

2. 战略方针

战略方针是指导战争全局的方针，是指导军事行动的纲领和制订战略计划的基本依据。它是在分析国际战略形势和敌对双方战争诸多因素的基础上制定的，具有很强的针对性。对不同的作战对象、不同条件下的战争，应采取不同内容的战略方针。每个时期或每次战争除了总的战略方针外，还须制定具体的战略方针，以确定战略任务、战略重点、主要的战略方向、力量的部署与使用等问题。

3. 战略力量

战略力量是战略的物质基础和支柱。它以国家综合国力为后盾，军事力量为核心，在发展经济和科学技术的基础上，根据战略目的和战略方针的要求，确定其建设的规模、发展方向和重点，并与国家的总体力量协调发展。

4. 战略措施

战略措施是为准备和进行战争而实行的具有全局意义的实行战略的保障，是战略决策机构根据战争的需要，在政治、军事、外交、经济、科学技术和战略领导与指挥等方面，所采取的各种全局性的切实可行的方法和步骤。

四、战略的基本特性

战略的基本特性主要表现在五个方面。

1. 全局性

凡属需高层次谋划和决策，要照顾各个方面和各个阶段性质的重大的、相对独立的领域，都是战略的全局。全局性表现在空间上，整个世界、一个国家、一个战区、一个独立的战略方向都可以是战略的全局。全局性还表现在时间上，贯穿指导战争准备与实施的各个阶段和全过程。战略的领导者和指挥者要把注意力放在关照全局上面，胸怀全局，通观全局，把握全局，处理好全局中的各种关系，抓住主要矛盾，解决关键问题，同时注意了解局部，关心局部，特别是注意解决好对全局有决定意义的局部问题。

2. 阶级性

战争是政治的继续，具有很强的政治目的。任何战略都反映一定的阶级、民族、国家或政治集团的根本利益，体现它们的路线、方针和政策，是为其政治目的服务的，具有鲜明的阶级性。

3. 对抗性

制定和实施战略都要针对一定对象。通过对其各方面的情况进行分析判断，确定适当的战略目的，有针对性地建设和使用好进行斗争的力量，掌握斗争的特点和规律，采取多种斗争形式和方法，对敌抑长击短，对己扬长避短，以取得预期的斗争效果，是战略谋划的基本内容。

4. 预见性

预见性是谋划的前提决策的基础。在广泛调查研究的基础上，全面分析、正确判断、科学预测国际国内战略环境和敌友关系以及敌对双方战争诸多因素等可能的发展变化，把握时代的特征，明确现实的和潜在的斗争对象，判明面临威胁的性质、方向和程度，科学预测未来战争可能爆发的时机、方式、方向、规模、进程和结局，揭示未来战争的特点和规律是制定、调整和实施战略的客观依据。

5. 谋略性

谋略是基于客观情况而提出的克敌制胜的斗争策略。它是在一定的客观条件下变被动为主动，化劣势为优势，以少胜多，以弱制强，乃至不战而屈人之兵的重要方法。运用谋略，重在对战争全局的谋划。制定战略强调深谋远虑，尊重战争的特点和规律，多谋善断，料敌定谋，灵活多变，高敌一筹，以智谋取胜。

第二节 企业战略

一、企业战略的概念

企业战略是对企业各种战略的统称，其中既包括竞争战略，也包括营销战略、发展战略、品牌战略、融资战略、技术开发战略、人才开发战略、资源开发战略等。企业战略是层出不穷的，例如，信息化就是一个全新的战略。企业战略虽然有多种，但基本属性是相同的，都是对企业的谋略，都是对企业整体性、长期性、基本性问题的计谋。例如，企业竞争战略是对企业竞争的谋略，是对企业竞争整体性、长期性、基本性问题的计谋；企业营销战略是对企业营销的谋略，是对企业营销整体性、长期性、基本性问题的计谋；企业技术开发战略是对企业技术开发的谋略，是对企业技术开发整体性、长期性、基本性问题的计谋；企业人才战略是对企业人才开发的谋略，是对企业人才开发整体性、长期性、基本性问题的计谋。以此类推，都是一样的。各种企业战略有同也有异，相同的是基本属性，不同的是谋划问题的层次与角度。总之，无论哪个方面的计谋，只要涉及的是企业整体性、长期性、基本性问题都属于企业战略的范畴。市场营销学对企业战略的定义是企业在市场经济竞争激烈的环境中，在总结历史经验、调查现状、预测未来的基础上，为谋求生存和发展而做出的长远性、全局性的谋划或方案。

当一个公司成功地制定和执行价值创造的战略时，就能获得战略竞争力。

一个战略就是设计用来开发核心竞争力、获取竞争优势的一系列综合的、协调的约定和行动。如果选择了一种战略，公司即在不同的竞争方式中做出了选择。从这个意义上来说，战略选择表明了这家公司打算做什么，以及不做什么。

当一家公司实施的战略，竞争对手不能复制或因成本太高而无法模仿时，它就获得了竞争优势。只有当竞争对手模仿其战略的努力停止或失败后，一个组织才能确信其战略产生了一个或多个有用的竞争优势。此外，公司也必须了解，没有任何竞争优势是永恒的。竞争对手获得用于复制该公司价值创造战略的技能的速度，决定了该公司竞争优势能够持续多久。

二、企业战略的类型

企业的战略类型包括发展型战略、稳定型战略、收缩型战略、成本领先战略、差异化战略和集中化战略。

第一，发展型战略包括一体化战略、多元化战略、密集型成长战略。

一体化战略包括纵向一体化战略和横向一体化战略。获得对经销商或者零售商的所有权或对其加强控制，称为前向一体化。获得对供应商的所有权或对其加强控制，称为后向一体化。获得与自身生产同类产品的企业的所有权或加强对他们的控制，称为横向一体化。横向一体化可以通过以下途径实现：购买、合并、联合。

多元化战略的类型包括同心多元化和离心多元化。同心多元化也称相关多元化，是以现有业务为基础进入相关产业的战略。当企业在产业内具有较强的竞争优势，而该产业的成长性或者吸引力逐渐下降时，比较适宜采取同心多元化战略。离心多元化，也称不相关多元化。采用离心多元化的目标是从财务上考虑平衡现金流或者获取新的利润增长点。

密集型成长战略，也叫加强型成长战略，是指企业以快于过去的增长速度来增加某个组织现有产品或业务的销售额、利润额及市场占有率。包括三种类型：市场渗透战略（企业采取种种更积极的措施在现有市场上扩大现有产品的销售，是目前认为最好的市场渗透战略）、市场开发战略和产品开发战略。

第二，稳定型战略，也叫防御型战略、维持型战略，包括四种类型：暂停战略、无变化战略、维持利润战略、谨慎前进战略。

第三，收缩型战略，也叫撤退型战略，包括三种类型：转变战略、放弃战略、清算战略。成本领先战略的优势包括：可以抵御竞争对手的进攻；具有较强的对供应商的议价能力；形成了进入壁垒。

成本领先战略、差异化战略和集中化战略将在后文详细阐述。

三、企业战略流程

（一）战略分析

战略分析在于总结影响企业发展的关键因素，并确定在战略选择步骤中的具体影响因素，它包括以下三个主要方面：

第一，确定企业的使命和目标。把企业的使命和目标作为制定和评估企业战略的依据。

第二，对外部环境进行分析。外部环境包括宏观环境和微观环境。

第三，对内部条件进行分析。战略分析要了解企业自身所处的相对地位、具有哪些资源以及战略能力；了解企业有关的利益相关者的利益期望，在战略制定、评价和实施过程中，这些利益相关者会有哪些反应。

（二）战略制定

1. 包含内容

战略制定的体系包含四个层面：基础分析、企业战略、业务战略以及职能战略，这四个层面并未脱离经典的战略制定框架。基础分析指的是内外部环境分析，企业战略指的是企业层面的整体战略，业务战略指的是业务层面的总体战略和进一步细分层面的战略，职能战略指的是职能管理层面的战略。这四个层面相互关联、自成逻辑体系。战略制定包含若干子项：愿景、目标、路线、项目选择、业务策略等。战略的制定不是一劳永逸的，到一个阶段要随需而调。

2. 制定过程

在战略制定过程中必须考虑技术因素所带来的机会与威胁。技术的进步可以极大地影响到企业的产品、服务、市场、供应商、竞争者和竞争地位。

（1）在技术开发活动中

专利信息分析能帮助企业充分了解相关技术领域中专利技术的现状、重点技术、技术生命周期，监测本领域的技术发展趋势、核心专利分布等。

（2）在技术跟踪方面

企业在完成研发之后进行专利信息分析，可跟踪相关技术发展动态进行技术预测，并尽早了解其专利技术是否被侵权、侵权程度及侵权对象，及早做好应对策略。同时，通过跟踪相关技术领域的主要竞争对手和潜在对手，可以规划公司的整体专利布局，提升市场竞争力，或为侵权诉讼累积谈判筹码。

此外，及时了解本领域最新的技术发展趋势，可以激发企业员工的创新意识。

3．制定关键

（1）体系为王

对战略制定而言，体系为王或者是"体系统领战略制定的全局"。当然，对不同客户而言，订制化需求各异，在进行战略制定之前需要"弄透"客户的真正问题所在、真正想要的东西是什么，在此基础上确定战略制定体系的具体内容。

基础分析的内容是战略制定的基石。在基础分析中，需要对企业的内外部环境进行必要的、详略得当的研究和阐述。对基础分析中的内部分析、外部分析两部分而言，同样也有研究层面的划分，以及内在逻辑体系的考虑。这里尤其需要消除一种误解，即认为基础分析只是"分析员层次的工作"。基础分析的所有内容还需要考虑与整个战略制定体系后三个层面的逻辑联系，这其实是一个相当高的要求。内外部环境分析的框架和方法也是相当定制化的，虽然有共通之处，但是务必要根据客户的特定需求来设定，从来没有一成不变的分析思路和模式。需要强调，切勿将一堆资料和数据进行堆砌，这样导致的结果是基础分析没有逻辑或逻辑混乱，并且与后面的其他内容形成"两张皮"，互不关联。

完成基础分析之后，接着进行企业战略的制定，这里指"企业层面"的战略。它包括了传统的战略框架中的愿景、使命、目标、在行业中的地位等因素，同时也可以考虑企业自身的运营模式、经营领域的选择等。这些都是对整个企业的通盘考虑，是真正属于企业的董事长或总经理层面需要考虑的问题，当然这些内容之间也需要极强的逻辑性，并且要以基础分析为依托。在具体的内容安排上，结合客户实际需要可简可繁、可多可少。另外，要慎重对待国内外各咨询公司的战略培训教材、战略咨询报告，更要慎重对待战略相关的各指标和概念的范围以及界定，既不要望文生义地理解，更不要僵化地去记忆和搬用。事实上，战略管理的理论以及实践经验本来就在不断推进和变革，千万不要做"枷锁"的奴役者。

随后进行业务战略的制定，它涵盖了企业选定业务领域的战略考虑。毋庸置疑，业务战略既要依托于基础分析，又要基于企业层面的战略来制定。它需要进一步切实明晰企业战略所确立的竞争优势是什么，这是企业战略和业务战略之间的一座桥梁。以实现这些竞争优势为目的，接着引出业务的总体战略和各业务的具体战略（注意，除非是业务单一的情况，业务战略也有总体战略和各业务具体战略两部分的内容）。业务的总体战略绝不是业务选择和组合的代名词，它包含了更多的内容，例如，业务协同的分析。另外，业务的总体战略和各业务的具体战略之间存在紧密的逻辑联系，它们也同样构成一个系统的体系，并且内部还分别自成体系。这里并非刻意追求"体系"，而是因为业务战略的体系化不仅能确保整个战略制定的逻辑严谨，而且对挑剔求细的客户而言也具有说服力。很多时候，对在某些行业沉浸几十年的客户而言，可以容忍咨询师在对客户的业务或行业知识上存在一定的偏差甚至是误解，但是客户对业务战略分析框架的不完备会非常愤怒。

最后是职能战略的制定。这里仍须强调是从"战略"来围绕职能层面分析需要做什么，不能和所谓的"管理提升"或"组织架构调整"等混同在一起。在企业层面、业务层面的战略确定之后，职能层面要相应地进行重新设计和调整。这里同样也自成一个内在的分析体系，同时职能战略所涉及的范围、重点以及内容深度都需要结合前面企业层面、业务层面的战略内容，以及客户的需要加以细细考量。

（2）创新为魂

对战略制定而言，创新为魂或者是"创新决定战略制定的内涵与分量"。创新并非战略制定的独有要求，我国的各个领域都在强调创新。具体到战略制定，创新可以分为理念创新、工具创新、方法创新等。理念创新指的是在战略制定中提出客户所不曾意识到或接触过的理念；工具创新指的是在战略制定中创造性地运用原有的分析工具或模型，或者创造新的分析工具或模型；方法创新指的是当传统的工作方法无助于战略制定时，寻求新的方法来为客户谋求战略。对战略制定而言，创新并不只这些，同时每一次的战略制定也无须苛求在这些方面都要有创新。

仍旧以上面列举的三种创新继续讨论。从难度上而言，理念创新实际上是最难的，虽然看起来比较简单、容易。理念创新的实质是对客户做人做事原则的一种升华或颠覆，因此难度极大。战略制定要使客户理解并考虑接受生存方式或运营模式的变革，客户即使接受了项目组的建议，也会面临自我批判与革新。

工具创新看起来复杂，但是它所针对的问题是明确的，最终要达到的目的也是确定的，因此重要的在于如何去"操作"，把工具做出来。战略制定的每一种工具或模型都有着自身的前提和假设，并且都是一定商业时代与历史的产物，照搬照用这些工具会与实际脱离，更重要的是，客户面临的各种具体问题多种多样，需要具体问题具体分析。

（三）战略选择

战略选择阶段所要解决的问题是"企业向何处发展"。其步骤分为三步：

（1）制订战略选择方案

根据不同层次管理人员介入战略分析和战略选择工作的程度，将战略形成的方法分为三种形式。

第一，自上而下。先由企业最高管理层制定企业的总体战略，然后由下属各部门根据自身的实际情况将企业的总体战略具体化，形成系统的战略方案。

第二，自下而上。企业最高管理层对下属部门不做具体规定，但要求各部门积极提交战略方案。

第三，上下结合。企业最高管理层和下属各部门的管理人员共同参与，通过上下级管理人员的沟通和磋商制定出适宜的战略。

三种形式的主要区别在于在战略制定中对集权与分权程度的把握上。

（2）评估战略备选方案

评估战略备选方案通常有两个标准：一是考虑选择的战略是否发挥了企业的优势，克服了劣势，是否利用了机会，将威胁削弱到最低限度；二是考虑选择的战略能否被企业利益相关者所接受。

（3）选择战略

选择战略指最终的战略决策，即确定准备实施的战略。如果用多个指标对多个战略方案的评价产生不一致时，确定最终的战略可以考虑以下四种方法：

第一，把企业目标作为选择战略的依据。

第二，提交上级管理层审批。

第三，聘请外部机构。

第四，战略政策和计划。

（四）战略实施

企业战略制定与战略实施是企业战略管理中的核心。战略制定是实施战略管理的基础，而战略实施则是战略执行的手段。企业战略制定的正确与否及战略实施效果的好坏，都直接关系到企业战略管理的成败。

在战略管理中，战略实施是战略制定的继续，即企业制定出目标和战略以后，必须将战略的构想转化成战略的行动。在这个转化过程中，企业首先要考虑战略制定与战略实施的关系，两者配合得越好，战略管理越容易获得成功。企业为了实现自己的目标，不仅要有效地制定战略，也要有效地实施战略。如果哪一方面出现了问题都会影响到整个战略的成败。例如，企业已制定出良好的战略，而且能有效地实施这一战略。在这种情况下，尽管企业仍旧不能控制企业外部的环境因素，但由于企业能成功地制定与实施战略，企业的目标便能顺利地实现。相反，如果企业没能完善地制定自己的战略，但执行这种战略时却一丝不苟，在这种情况下，企业会产生两种不同的结果：一种结果，由于企业能很好地执行战略而克服了原有战略的不足之处，或者至少为管理人员提出了可能失败的警告。例如，企业的销售人员发现企业战略中在市场营销方面存在问题，便将战略的重点放在促进企业成功的销售方面。而另一种结果是，企业认真地执行了这个不完善的战略，加速了企业的失败。如企业对一个尚有许多问题的新产品所制定的战略是迅速扩大生产和加强市场营销，如果在执行过程中企业不加任何变动而认真执行的话，则只会加速企业的失败。面对这两种情况，企业要及时准确地判断出在这种情况下战略会造成什么结局，采取主动措施加以改进。再如，企业已制定很好的战略但贯彻实施得很差。这种情况往往是由于企业管理人员过分注重战略的制定，忽视战略的实施的缘故。一旦问题发生，管理人员的反应常常是重新制定战略，而不是去检查实施过程是否出了问题。结果，重新制定出来的战略仍按照老办法去实行，其结果只能失败。还有的企业制定的战略本身不完善又没有很好地执行。在这种情况下，企业的管理人员很难把战略扭转到正确的轨道上来。因为，企业如果保留原来的战略而改变实施的方式，或者改变战略而保留原有的实施方式，都不会产生好的结果，仍旧要失败。

通过分析，可以清楚地看出：第一，战略实施与战略制定同样重要。在实践中企业管理人员在制定战略时，往往简单地假定企业能有效地实施这一战略，这是不对的。第二，如果战略实施无效，也很难判断企业所制定战略的质量。因此，企业需要针对存在的问题诊断出战略失败的原因，以便找到一种补救的办法。

第三节　三种通用竞争战略

一、差异化战略

1. 差异化战略概述

差异化战略又称别具一格战略，是指为使企业产品、服务企业形象等与竞争对手有明显的区别以获得竞争优势而采取的战略。这种战略的重点是创造被全行业和顾客都视为独特的产品和服务。差异化战略的方法多种多样，如产品差异化、服务差异化和形象差异化等。实现差异化战略，可以培养用户对品牌的忠诚。因此，差异化战略是使企业获得高于同行业平均水平利润的一种有效的竞争战略。

如果差异化战略成功地实施了，它就成为在一个产业中赢得高水平收益的积极战略，因为它能建立起防御阵地对付其他竞争力量，虽然其防御的形式与成本领先策略有所不同。

产品差异化带来的较高收益，可以用来对付供方压力，同时可以缓解买方压力，当客户缺乏选择余地时其价格敏感性也就不高。最后采取差异化战略而赢得顾客忠诚的公司，在面对替代品威胁时其所处地位比其他竞争对手也更为有利。实现产品差异化有时会与争取占领更大的市场份额相矛盾。它往往要求公司对这一战略的排他性有思想准备，即这一战略与提高市场份额两者不可兼顾。较为普遍的情况是，如果建立差异化的活动总是成本高昂，如广泛的研究、产品设计、高质量的材料或周密的顾客服务等，那么实现产品差异化将意味着以成本增加为代价。然而，即便全产业范围内的顾客都了解公司的独特优点也并不是所有顾客都愿意或有能力支付公司所要求的较高价格。

2. 差异化战略的类型

第一，产品差异化战略。产品差异化的主要因素有特征、工作性能、一致性、耐用性、可靠性、易修理性、式样和设计。

第二，服务差异化战略。服务的差异化主要包括送货、安装、顾客咨询培训、服务等因素。

第三，人事差异化战略。训练有素的员工应能体现出六个特征：胜任、礼貌、可信、可靠、反应敏捷、善于交流。

第四，形象差异化战略。形象差异化战略是指在产品的核心部分与竞争者类同的情况下塑造不同的产品形象以获得差别优势。形象就是公众对产品和企业的看法和感受，塑造形象的工具有：名称、颜色、标识、标语、环境、活动等。

3. 差异化战略的特征

①基础研究能力强（产品创新）；

②有机式的组织结构，各部门之间协调性强；

③超越思维定式的创造性思维能力和洞察力；

④市场运作能力强（市场研究能力、促销能力使市场认可产品是有差异的）；

⑤基于创新的奖酬制度；

⑥公司在产品质量和技术领先方面的声望。

4. 差异化战略的适用条件与组织要求

①可以通过很多途径创造企业与竞争对手产品之间的差异，并且这种差异被顾客认为是有价值的；

②顾客对产品的需求和使用要求是多种多样的，即顾客需求是有差异的；

③采用类似差异化途径的竞争对手很少，即真正能保证企业是"差异化"的；

④技术变革很快，市场上的竞争主要集中在不断地推出新的产品特色。

除上述外部条件之外，企业实施差异化战略还必须具备如下内部条件：

①具有很强的研究开发能力，研究人员要有创造性的眼光；

②企业具有以其产品质量或技术领先的声望；

③企业在这一行业有悠久的历史或汲取其他企业的技能并自成一体；

④很强的市场营销能力；

⑤研究与开发、产品开发以及市场营销等职能部门之间要具有很强的协调性；

⑥企业要具备能吸引高级研究人员、创造性人才和高技能职员的物质设施；

⑦各种销售渠道强有力的合作。

5. 差异化战略的收益与风险

实施差异化战略的意义在于以下五个方面：

第一，建立起顾客对企业的忠诚。

第二，形成强有力的产业进入障碍。

第三，增强了企业对供应商讨价还价的能力，这主要是由于差异化战略提高了企业的边际收益。

第四，削弱购买商讨价还价的能力。企业通过差异化战略，一方面，使购买商缺乏与之可比较的产品选择，降低了购买商对价格的敏感度；另一方面，通过产品差异化使购买商具有较高的转换成本，使其依赖于企业。

第五，由于差异化战略使企业建立起顾客的忠诚，所以这使替代品无法在性能上与之竞争。

差异化战略也包含一系列风险：

①可能丧失部分客户。如果采用成本领先战略的竞争对手压低产品价格，使其与实行差异化战略的厂家的产品价格差距拉得很大，在这种情况下，用户为了大量节省费用，放弃取得差异的厂家所拥有的产品特征、服务或形象，转而选择价格相对更低的产品。

②用户所需的产品差异的因素下降。当用户变得越来越老练时，对产品的特征和差别体会不明显时，就可能发生忽略差异的情况。

③大量的模仿缩小了感觉得到的差异。特别是，当产品发展到成熟期时，拥有技术实力的厂家很容易通过逼真的模仿，减少产品之间的差异。

④过度差异化。

6. 差异化战略的优势

差异化战略是增强企业竞争优势的有效手段。产品差异化对市场价格、市场竞争、市场集中度、市场进入壁垒、市场绩效均有不同程度的影响。差异化的产品或服务能满足某些消费群体的特殊需求，这种差异化是其他竞争对手所不能提供的，可以与竞争对手相抗衡；产品或服务差异化也将降低顾客对价格的敏感性，不大可能转而购买其他的产品和服务，从而使企业避开价格竞争。具体可从以下几个方面来看。

①差异化本身可以给企业产品带来较高的溢价。这种溢价应当补偿因差异化所增加的成本，并且可以给企业带来较高的利润。产品的差异化程度越大，所具有的特性或功能就越难以替代和模仿，顾客越愿意为这种差异化支付较高的费用，企业获得的差异化优势也就越大。

②由于差异化产品和服务是竞争对手不能以同样的价格提供的，因而明显地削弱了顾客的讨价还价能力。

③采用差异化战略的企业在应对替代品竞争时将比其竞争对手处于更有利的地位，因为购买差异化产品的顾客不愿意接受替代品。

④产品差异化会形成一定的壁垒，在产品差异化越明显的行业，因产品差异化所形成的进入壁垒就越高。

二、成本领先战略

1. 基本概念

成本领先战略，又称低成本战略，它是指企业在提供相同的产品或服务时，通过在内部加强成本控制，在研究低成本分销系统开发、生产、销售、服务和广告等领域内把成本降低到最低限度，使成本或费用明显低于行业平均水平或主要竞争对手，从而赢得更高的市场占有率或更高的利润，成为行业中的成本领先者的一种竞争战略。成本领先战略也许是三种通用战略中最清楚明了的。在这种战略的指导下企业决定成为所在产业中实行低成本生产的厂家。

2. 主要类型

根据企业获取成本优势的方法不同，把成本领先战略概括为如下五种主要类型。

①简化产品型成本领先战略，就是使产品简单化，即将产品或服务中添加的花样全部取消。

②改进设计型成本领先战略。

③材料节约型成本领先战略。

④人工费用降低型成本领先战略。

⑤生产创新及自动化型成本领先战略。

3．适用条件

①现有竞争企业之间的价格竞争非常激烈。

②企业所处产业的产品基本上是标准化或者同质化的。

③实现产品差异化的途径很少。

④多数顾客使用产品的方式相同。

⑤消费者的转换成本很低。

⑥消费者具有较大的降价谈判能力。

4．可得收益

①抵挡住现有竞争对手的对抗。

②抵御购买商讨价还价的能力。

③更灵活地处理供应商的提价行为。

④形成进入障碍。

⑤树立与替代品的竞争优势。

5．需承担风险

①降价过度引起利润率降低。

②新加入者可能后来居上。

③丧失对市场变化的预见能力。

④技术变化降低企业资源的效用。

⑤容易受外部环境的影响。

三、集中化战略

1．主要形式

集中化战略也称专一化战略，有两种形式，即企业在目标细分市场中寻求成本优势的成本集中和在细分市场中寻求差异化的差异集中。

2. 战略核心

这种战略的核心是取得某种对特定顾客有价值的专一性服务，侧重从企业内部建立竞争优势。集中化战略的实施首先表现在提供咨询服务上，要做到人无我有、人有我精、人精我专，掌握主动权。

3. 特点及优势

（1）集中化战略的特点

集中化战略是指企业以某个特殊的顾客群、某产品线的一个细分区段或某一个地区市场为主攻目标的战略思想。这一战略整体是围绕着为某一特殊目标服务，通过满足特殊对象的需要而实现差别化，或者实现低成本。集中化战略常常是成本领先战略和差异化战略在具体特殊顾客群范围内的体现。或者说，集中化战略是以高效率、更好的效果为某一特殊对象服务，从而超过面对广泛市场的竞争对手，或实现差别化，或实现低成本，或二者兼得。

（2）集中化战略优势

①以特殊的服务范围来抵御竞争压力

集中化战略往往利用地点、时间、对象等多种特殊性来形成企业的专门服务范围，以更高的专业化程度构成强于竞争对手的优势。

②以低成本的特殊产品形成优势

例如，可口可乐就是利用其特殊配方而构成的低成本，在饮料市场长期保持其竞争优势。这一优势的实质是差别化优势，能同时拥有产品差别化和低成本优势则一定可以获得超出产业平均水平的高额利润。

③以攻代守

当企业受到强大的竞争对手全面压迫时，采取集中化战略以攻代守，往往能形成一种竞争优势，特别是对抵抗拥有系列化产品或广泛市场的竞争对手明显有效。

（3）集中化战略条件

集中化战略一般是集中一点进攻对手的弱点，或是通过专有的业务活动方式以低成本形成对竞争对手的优势，要获得这方面的优势需要具备以下某些条件。

①拥有特殊的受欢迎的产品。如可口可乐、DYNASTY 半干白葡萄酒。

②开发了专有技术。如专有的胶粘接技术形成了稳定的车辆减震器市场；瑞士手表以其高质量的生产技术始终控制着名贵手表市场。

③不渗透的市场结构。由于地理位置、收入水平、消费习惯、社会习俗等因素的不同，将形成专门化市场，这些市场之间的隔离性越强，越有利于集中化战略的实施。例

如，专为大型建筑物提供中央空调系统的远大中央空调集团形成了集中化战略优势。

④不易模仿的生产、服务以及消费活动链。例如，为顾客开辟服装专门设计、订制服务的服装企业将拥有自己的专门化市场。

当然，上述构成集中化的战略条件需要企业去寻找和创造，已具备集中化战略优势的企业仍须不断改善自身的地位或巩固已有市场。

4. 战略风险

（1）容易限制获取整体市场份额

集中化战略目标市场总具有一定的特殊性，目标市场独立性越强，与整体市场份额的差距就越大。实行集中化战略的企业总是处于独特性与市场份额的矛盾之中，选择不恰当就可能造成专一化战略的失败。与这一对矛盾相对应的是企业利润率与销售额互为代价。例如，为愿意支付高价的顾客而进行专门设计加工服装的企业将失去中低档服装市场。有很多企业在争取专一化优势的同时又进入了广泛市场，这种矛盾的战略最终会使企业丢失其专有的市场。

（2）企业对环境变化适应能力差

实行集中化战略的企业往往是依赖特殊市场而生存和发展的，一旦出现有极强替代能力的产品或者市场发生变化时，这些企业容易遭受巨大损失。例如，滑板的问世对旱冰鞋的市场构成了极大的威胁。又如，投入成本较高的夜总会等娱乐场所，专为高收入阶层或特殊顾客群服务而获取高利润率，当出现经济萧条或严格控制公款消费时，这些娱乐性企业则亏损严重。

（3）成本差增大而使集中化优势被抵消

当为大范围市场服务的竞争对手与集中化企业之间的成本差变大时，会使针对某一狭窄目标市场服务的企业丧失成本优势，或者使集中化战略产生的差别化优势被抵消。

5. 集中化战略的条件

企业实施集中化战略的关键是选好战略目标，将主要力量集中于业务的某一个或几个方向，重点突破。而一般原则是，企业要尽可能地选择竞争对手最薄弱环节和最不易受替代品冲击的目标。不管是以低成本还是以差异化为基础的集中化战略都应满足如下条件：

①目标市场足够大且可以盈利，或者虽然是小市场但具有成长潜力。

②企业的资源或能力有限，不允许选定多个细分市场作为目标。

③在所选定的目标细分市场中没有其他的竞争对手采用这一战略。

④企业拥有足够的能力和资源，能在目标市场上站稳脚跟。

⑤企业凭其建立起来的顾客商誉和企业服务来抵御行业中的竞争者。

第六章　人力资源管理

第一节　人力资源规划

一、人力资源规划概述

1. 人力资源规划的概念

人力资源规划也叫人力资源计划，是指根据企业的发展规划和发展战略，通过对企业未来的人力资源的需要和供给状况的分析及估计，对人力资源的获取、配置、使用、保护等各个环节进行职能性策划，以确保组织在需要的时间和需要的岗位上获得各种必需的人力资源的规划。

2. 人力资源规划的作用

第一，有利于组织制订战略目标和发展规划。人力资源规划是组织发展战略的重要组成部分，同时也是实现组织战略目标的重要保证。

第二，确保组织生存发展过程中对人力资源的需求。人力资源部门必须分析组织人力资源的需求和供给之间的差距，制订各种规划来满足对人力资源的需求。

第三，有利于人力资源管理活动的有序化。人力资源规划是企业人力资源管理的基础，它由总体规划和各种业务计划构成，为管理活动（如确定人员的需求量、供给量、调整职务和任务、培训等）提供可靠的信息和依据，进而保证管理活动的有序化。

第四，有利于调动员工的积极性和创造性。人力资源管理要求在实现组织目标的同时，也要满足员工的个人需要（包括物质需要和精神需要），这样才能激发员工持久的积极性，只有在人力资源规划的条件下，员工对自己可满足的东西和水平才是可知的。

第五，有利于控制人力资源成本。人力资源规划有助于检查和测算出人力资源规划方案的实施成本及其带来的效益。要通过人力资源规划预测组织人员的变化，调整组织的人员结构，把人工成本控制在合理的水平上，这是组织持续发展不可缺少的环节。

3. 人力资源规划的内容

第一，战略规划。根据企业总体发展战略的目标，对企业人力资源开发和利用的方针、政策和策略的规定，是各种人力资源具体计划的核心，是事关全局的关键性计划。

第二，组织规划。对企业整体框架的设计，主要包括组织信息的采集、处理和应用，组织结构图的绘制，组织调查，诊断和评价，组织设计与调整，以及组织机构的设置等。

第三，制度规划。是人力资源总规划目标实现的重要保证，包括人力资源管理制度体系建设的程序、制度化管理等内容。

第四，人员规划。是对企业人员总量、构成、流动的整体规划，包括人力资源现状分析、企业定员、人员需求和供给预测及人员供需平衡，等等。

第五，费用规划。是对企业人工成本、人力资源管理费用的整体规划，包括人力资源费用的预算、核算、结算，以及人力资源费用控制。

二、人力资源供需预测

（一）人力资源规划供给预测

人力资源供给预测是人力资源规划中的核心内容，是预测在某一未来时期，组织内部所能供应的（或经由培训可能补充的）及外部劳动力市场所提供的一定数量、质量和结构的人员，以满足企业为达成目标而产生的人员需求。从供给来源看，人力资源供给分为外部供给和内部供给两个方面。

1. 外部供给预测

外部供给预测是指组织以外能够提供给组织所需要的人力资源的质和量的预测，主要的渠道是外部劳动力市场。外部供给是解决组织人员新陈代谢和改变人员结构的根本出路，是任何组织都必须面对和采用的人力资源补充渠道；因此，合理地对外部供给进行预测是保证组织正常发展、节省人力购置成本的重要手段。

外部人力资源供给的影响因素主要有：宏观经济形势和失业预期；当地劳动力市场的供求状况，其中大中专毕业生的数量与质量及就业意向是很重要的因素；行业劳动力市场的供求状况；人们的就业意识；组织的吸引力；竞争对手的动态；政府的政策、法规与压力。

2. 内部供给预测

当组织出现人力资源短缺时，优先考虑的应该是从内部进行补充，因为内部劳动力市场不但可以预测，而且可调控，以有效地满足组织对人力资源的需求。影响内部供给的因素主要有：组织现有人力资源的存量；组织员工的自然损耗，包括辞退、退休、伤残、死亡等；组织内部人员流动，包括晋升、降职、平职调动等；内部员工的主动流出，即跳槽等；组织由于战略调整所导致的人力资源政策的变化。

（二）人力资源规划需求预测

1. 德尔菲法

所谓德尔菲法是邀请在某一领域的一些专家或有经验的管理人员对某一问题进行预测。该方法是一种定性的方法，其预测结果具有强烈的主观性和模糊性，但与一般的主观判断方法却不尽相同。经过多轮预测，让专家们的意见逐渐趋向一致，进而使预测具有较高的准确性。上海一家大型集团公司曾同时采用此方法和定量分析方法预测某一时期的专门公务员数，结果两种方法得到的结果十分相近。

2. 经验预测法

经验预测法，顾名思义就是用以往的经验来推测未来的人员需求。它是人力资源预测中最简单的方法，适合于较稳定的基层组织中。不同的管理者的预测可能有所偏差。可以通过多人综合预测或查阅历史记录等方法提高预测的准确度。

3. 趋势分析预测法

趋势分析预测法是通过分析组织在过去几年中人员任用情况的趋势，来预测组织未来人员需求的一种人力资源需求预测技术。公式如下：

$$NHR = a \times [1 + (b - c) \times T]$$

式中：NHR 指未来一段时间内需要的人力资源；a 是指目前已有的人力资源；b 是指计划平均每年发展的百分比；c 是指计划人力资源发展与政府发展的百分比差异，主要体现政府在未来发展中提高人力资源效率的水平；T 是指未来一段时间的年限。

三、人力资源规划的程序

人力资源规划的目的是为实现组织目标提供人员保障，因此，我们要熟悉人力资源规划的步骤。

1. 收集有关信息资料

人力资源规划的信息包括组织内部信息和组织外部环境信息。组织内部信息主要包括企业的战略计划、战术计划、行动方案、本企业各部门的计划、人力资源现状等。组织外部环境信息主要包括宏观经济形势和行业经济形势、技术的发展情况、行业的竞争性、劳动力市场、人口和社会发展趋势、政府的有关政策等。

2. 人力资源供需预测

在分析人力资源供给和需求影响因素的基础上采用以定量为主，结合定性分析的各种科学预测方法对企业未来人力资源供求进行预测。

3. 确定人力资源净需求

在对员工未来的需求与供给预测数据的基础上，将本组织人力资源需求的预测数与在同期内组织本身可供给的人力资源预测数进行对比分析，从比较分析中可测算出各类人员的净需求数。这里所说的"净需求"既包括人员数量，又包括人员的质量、结构，即既要确定"需要多少人"，又要确定"需要什么人"，数量和质量要对应起来。这样就可以有针对性地进行招聘或培训，就为组织制定有关人力资源的政策和措施提供了依据。

4. 编制人力资源规划

根据组织战略目标及本组织员工的净需求量编制人力资源规划，包括总体规划和各项业务计划。同时要注意总体规划和各项业务计划及各项业务计划之间的衔接和平衡，提出调整供给和需求的具体政策和措施。一个典型的人力资源规划应包括：规划的时间段、计划达到的目标、情境分析、具体内容、制订者、制订时间。

5. 实施人力资源规划

人力资源规划的实施，是人力资源规划的实际操作过程，要注意协调好各部门、各环节之间的关系，在实施过程中需要注意以下五点：①必须有专人负责既定方案的实施，要赋予负责人拥有保证人力资源规划方案实现的权利和资源。②要确保不折不扣地按规划执行。③在实施前要做好准备。④实施时要全力以赴。⑤要有关于实施进展状况的定期报告，以确保规划与环境、组织的目标保持一致。

6. 人力资源规划评估

在实施人力资源规划的同时要进行定期与不定期的评估。从如下三个方面进行：①是否忠实执行了本规划。②人力资源规划本身是否合理。③将实施的结果与人力资源规划进行比较，通过发现规划与现实之间的差距来指导以后的人力资源规划活动。

7. 人力资源规划的反馈与修正

对人力资源规划实施后的反馈与修正是人力资源规划过程中不可缺少的步骤。评估结果出来后，应进行及时的反馈，进而对原规划的内容进行适时的修正，使其更符合实际，更好地促进组织目标的实现。

第二节　员工招聘与培训

一、员工招聘

(一) 员工招聘的含义

员工招聘,是指组织根据人力资源管理规划所确定的人员需求,通过多种渠道,利用多种手段,广泛吸引具备相应资格的人员向本组织求职的过程。

招聘就是组织有战略、有政策、有预测、有计划、有标准、有选择地向组织内外以最低成本吸引、吸收、留住适合需要的足量的合格人员和颇具潜力的人才,安排到特定的工作岗位上任职,以及建立人才库来满足企业未来需要的活动过程。

(二) 员工招聘的原则

1. 因事择人原则

员工的选聘应以实际工作的需要和岗位的空缺情况为出发点,员工招聘根据岗位对任职者的资格要求选用人员。

2. 公开、公平、公正原则

公开就是要公示招聘信息、招聘方法,这样既可以将招聘工作置于公开监督之下,防止以权谋私、假公济私的现象,又能吸引大量应聘者。公平公正就是确保招聘制度给予合格应征者平等的获选机会。

3. 竞争择优原则

在员工招聘中引入竞争机制,在对应聘者的思想素质、道德品质、业务能力等方面进行全面考查的基础上,按照考查的成绩择优选拔录用员工。

4. 效率优先原则

效率优先原则就是用尽可能低的招聘成本录用到最佳人选。

(三) 员工招聘的渠道

1. 外部招聘

(1) 人才交流中心和人才招聘会

我国很多城市都设有专门的人才交流服务机构，这些机构常年为企事业用人单位提供服务。他们一般建有人才资料库，用人单位可以很方便地在资料库中查询条件基本相符的人才资料。通过人才交流中心选择人员有针对性强、费用低廉等优点。招聘会的最大特点是应聘者集中，用人单位的选择余地较大，费用也比较合理，而且还可以起到很好的企业宣传作用。

(2) 媒体广告

通过报纸杂志、广播电视等媒体进行广告宣传向公众传达招聘信息，具有覆盖面广、速度快的优势。相比而言，在报纸、电视中刊登招聘广告费用较大，但容易醒目地体现组织形象；很多广播电台都有人才交流节目，播出招聘广告的费用较少，但效果也比报纸、电视广告差一些。

(3) 网上招聘

网上招聘具有费用低、覆盖面广、时间周期长、联系快捷方便等优点。用人单位可以将招聘广告张贴在自己的网站上，或者张贴在某些网站上，也可以在一些专门的招聘网站上发布信息。

(4) 校园招聘

学校是人才高度集中的地方，是组织获取人力资源的重要源泉。对大专院校应届毕业生招聘，可以选择在校园直接进行。包括在学校举办的毕业生招聘会、招聘张贴、招聘讲座和毕业生分配办公室推荐等。

(5) 人才猎取

一般认为，"猎头"公司是一种专门为雇主"猎取"高级人才和尖端人才的职业中介机构。目前国内猎头公司较好的有 China Hr 猎头公司、精英猎头公司和烽火猎头公司等。

(6) 员工推荐

通过企业员工推荐人选，是组织招聘的重要形式。员工推荐的优点是招聘成本小、应聘人员素质高、可靠性高。

2. 内部招聘

内部招聘就是将招聘信息公布给公司内部员工，员工自己可以来参加应聘。内部招聘一般来说包括内部提升和内部调用。

（四）员工招聘测试

1. 心理测试

通过一系列的心理学方法来测量被试者的智力水平和个性方面差异的一种科学方法。通过心理测试可以了解一个人所具有的潜在能力，了解一个人是否符合该企业某一岗位的需要。

2. 知识考试

主要通过纸笔测验的形式，对被试者的知识广度、知识深度和知识结构进行了解的一种方法。

3. 情境模拟

根据被试者可能担任的职务，编制一套与该职务实际情况相似的测试项目，将被试者安排在模拟的、逼真的工作环境中。要求被试者处理可能遇见的各种问题，用多种方法来测评其心理素质、潜在能力的一系列方法。

4. 面试

面试是指一类要求被试者用口头语言来回答主试者提问，以便了解被试者心理素质和潜在能力的测评方法。

（五）员工招聘的程序

1. 制订招聘计划和策略

招聘计划是组织根据发展目标和岗位需求对某一阶段招聘工作所做的安排，包括招聘目标、信息发布的时间与渠道、招聘员工的类型及数量、甄选方案及时间安排等方面。

2. 发布招聘信息及搜寻候选人信息

组织要将招聘信息通过多种渠道向社会发布，向社会公众告知用人计划和要求，确保有更多符合要求的人员前来应聘。

3. 甄选

甄选的过程一般包括对所有应聘者的情况进行初步的审查、知识与心理素质测试、面试，以确定最终的录用者。

4. 录用

人员录用过程一般可分为试用合同的签订、新员工的安置、岗前培训、试用、正式录用等几个阶段。

5. 招聘工作评估

招聘评估主要指对招聘的结果、招聘的成本和招聘的方法等方面进行评估。一般应从两方面进行：一是对招聘工作的效率评估；二是对录用人员的评估。

二、员工培训

（一）员工培训的含义

员工培训是指一定组织为开展业务及培育人才的需要，采用各种方式对员工进行有目的、有计划的培养和训练的管理活动，其目标是使员工不断地更新知识，开拓技能，改进员工的动机、态度和行为，使其适应新的要求，更好地胜任现职工作或担负更高级别的职务，从而促进组织效率的提高和组织目标的实现。

（二）员工培训需求分析

培训需求分析是指在规划与设计每项培训活动之前，由培训部门采取各种办法和技术对组织及成员的目标、知识、技能等方面进行系统的鉴别与分析，从而确定培训的必要性及培训内容的过程。培训需求分析就是采用科学的方法弄清谁最需要培训、为什么要培训、培训什么等问题，并进行深入探索研究的过程。它具有很强的指导性，是确定培训目标、设计培训计划、有效地实施培训的前提，是现代培训活动的首要环节，是进行培训评估的基础，对企业的培训工作至关重要，是使培训工作准确、及时和有效的重要保证。

（三）员工培训方案设计与实施

1. 培训方案的设计

培训方案的设计是培训目标的具体化，即告诉人们员工做什么、如何做才能完成任务，达到目的。培训方案的设计主要包括以下内容：选择设计适当的培训项目；确定培训对象、培训项目的负责人（包含组织的负责人和具体培训的负责人）；确定培训的方式与方法；选择培训地点；根据既定目标，具体确定培训方式、学制、课程设置方案、课程大纲、教科书与参考教材、培训教师、培训方法、考核方法、辅助器材设施等。

2. 选择适当的培训方法

（1）讲授法

该方法是培训者通过口头语言系统连贯地向受训者传授培训知识，通常通过口头语言向受训者传授知识、培养能力的方法，在以语言传递为主的教学方法中应用最广泛，且其他各种方法在运用中常常要与讲授法结合。

（2）案例分析法

该方法是指把实际工作中出现的问题作为案例，交给受训学员研究分析，培养学员们的分析能力、判断能力、解决问题及执行业务能力的培训方法。

（3）研讨法

该方法是指由培训者有效地组织受训人员以团体的方式对工作中的课题或问题进行讲座并得出共同的结论，由此让受训者在讲座过程互相交流、启发，以提高受训者知识和能力的一种教育方法。

（四）员工培训效果评价

第一，认知成果。可用来衡量受训者对培训项目中强调的原理、事实、技术、程序或过程的熟悉程度。认知成果用于衡量受训者从培训中学到了什么，一般用笔试的方式来评估认知成果。

第二，技能成果。用来评估技术或运动技能，以及行为方式的水平，包括技能的获得与学习及技能在工作中的应用两个方面。

第三，情感成果。包括态度和动机在内的成果。

第四，绩效成果。用来决策公司为培训计划所支付的费用。

第五，投资回报率。指培训的货币收益和培训成本的比较。培训成本包括直接和间接成本，收益指公司从培训计划中获得的价值。

第三节　绩效考核

一、绩效考核的含义

绩效考核通常也称为业绩考评或"考绩"，是针对企业中每个职工所承担的工作，应用各种科学的定性和定量的方法，对职工行为的实际效果及其对企业的贡献或价值进行考核和评价。它是企业人事管理的重要内容，更是企业管理强有力的手段之一。业绩考评的目的是通过考核提高每个个体的效率，最终实现企业的目标。

二、绩效考核的原则

1. 公开性原则

以让被考评者了解考核的程序、方法和时间等事宜，提高考核的透明度。

2. 客观性原则

以事实为依据进行评价与考核，避免主观臆断和个人情感因素的影响。

3. 开放沟通原则

通过考核者与被考评者沟通，解决被考评者工作中存在的问题与不足。

4. 差别性原则

对不同类型的人员进行考核的内容要有区别。

5. 常规性原则

将考核工作纳入日常管理，成为常规性管理工作。

6. 发展性原则

考核的目的在于促进人员和团队的发展与成长，而不是惩罚。

7. 立体考核原则

增强考核结果的信度与效度。

8. 及时反馈原则

便于被考评者提高绩效，考核者及时调整考核方法。

三、绩效考核的实施

绩效考核的实施过程可以说是绩效考核管理中的重中之重，对整个绩效管理的有效性起着至关重要的作用。

绩效考核的过程一般来说包括六个环节，即绩效考核的准备、定目标、绩效辅导、考核评价、绩效考核反馈和绩效考核的审核。

1. 绩效考核的准备

绩效考核的准备工作包括以下内容：制订绩效考核的计划、确定绩效考核人员、准备绩效考核的条件，包括准备考核工具、开会的会场等，公布绩效考核的信息。

2. 定目标

绩效目标是员工未来绩效所要达到的目标，它可以帮员工关注那些对组织更为重要的项目，鼓励较好的计划以分配关键资源，并且激发为达到目标而做的行动计划准备。

3. 绩效辅导

绩效辅导阶段在绩效管理过程中处于中间环节，也是耗时最长、最关键的一个环节，这个过程的好坏直接影响绩效管理的成败。具体来讲，绩效辅导阶段主要的工作就是持续不断地进行绩效沟通、大量收集数据，形成考核依据。

4. 考核评价

在进行绩效评价时，很多组织首先要求员工对其业绩达成状况进行自评，员工自评后再由上级主管或评估委员会对照初期与员工共同确定的绩效目标和绩效标准对员工进行评价。

5. 绩效考核反馈

绩效考核反馈是将绩效考核的意见反馈给被考核者，一般有两种形式：①绩效考核意见认可，即考核者将书面的考核意见反馈给被考核者，由被考核者予以同意认可，并签名盖章。如果被考核者不同意考核者的考核意见，可以提出异议，并要求上级主管或人力资源部门予以裁定。②绩效考核面谈，即经考核者和被考核者要求、建议，就新一轮工作计划的制订等问题与被考核者进行广泛的沟通。

6. 绩效考核的审核

绩效考核的审核通常是指人力资源管理部门对整个组织的员工绩效考核情况进行审核，处理绩效考核中双方较大的异议和某些绩效异常的问题，同时对绩效考核后的各种人力资源管理活动提出建议性意见。

四、绩效考核的方法

1. 图尺度考核法

图尺度考核法是最简单和运用最普遍的绩效考核技术之一，一般以图尺度表填写打分的形式进行。

2. 交替排序法

交替排序法是一种较为常用的排序考核法。交替排序的操作方法就是分别挑选排列的

"最好的"与"最差的",然后挑选出"第二好的"与"第二差的",这样依次进行,直到将所有的被考核人员排列完为止,从而以优劣排序作为绩效考核的结果。交替排序在操作时也可以使用绩效排序表。

3. 配对比较法

配对比较法是一种更为细致的通过排序来考核绩效水平的方法,它的特点是每一个考核要素都要进行人员间的两两比较和排序,使得在每一个考核要素下,每一个人都和其他所有人进行了比较,所有被考核者在每一个要素下都获得了充分的排序。

4. 强制分布法

强制分布法是在考核进行之前就设定好绩效水平的分布比例,然后将员工的考核结果安排到分布结构中去。

5. 关键事件法

关键事件法(Key Performance Index,KPI)是一种通过员工的关键行为和行为结果来对其绩效水平进行绩效考核的方法,一般由主管人员将其下属员工在工作中表现出来的非常优秀的行为事件或者非常糟糕的行为事件记录下来,然后在考核时点上(每季度,或者每半年)与该员工进行一次面谈,根据记录共同讨论来对其绩效水平做出考核。

6. 行为锚定等级考核法

行为锚定等级考核法是基于对被考核者的工作行为进行观察、考核,从而评定绩效水平的方法。

7. 目标管理法

目标管理法(Management By Objectives,MBO)是现代较多采用的方法,管理者通常很强调利润、销售额和成本这些能带来成果的结果指标。在目标管理法下,每个员工都确定有若干具体的指标,这些指标是其工作成功开展的关键目标,它们的完成情况可以作为评价员工的依据。

8. 360 度考核法

将原本由上到下,由上司评定下属绩效的旧方法,转变为全方位 360 度交叉形式的绩效考核。在考核时,通过同事评价、上级评价、下级评价、客户评价以及个人评价来评定绩效水平的方法。交叉考核,不仅是绩效评定的依据,更能从中发现问题并进行改革提升。找出问题的原因所在,并着手拟订改善工作计划。

第四节　薪酬管理

一、薪酬的含义及形式

1. 薪酬的含义

薪酬是员工因向所在的组织提供劳务而获得的各种形式的酬劳。狭义的薪酬指货币和可以转化为货币的报酬。广义的薪酬除了包括狭义的薪酬以外，还包括获得的各种非货币形式的满足。

2. 薪酬的形式

①基本薪资。是雇主为已完成工作而支付的基本现金薪酬。它反映的是工作或技能价值，而往往忽视了员工之间的个体差异。

②绩效工资。是对过去工作行为和已取得成就的认可。作为基本工资之外的增加，绩效工资往往随雇员业绩的变化而调整。

③激励工资。其也和业绩直接挂钩。有时人们把激励工资看成可变工资，包括短期激励工资和长期激励工资。

④福利和服务。包括休假（假期）、服务（医药咨询、财务计划、员工餐厅）和保障（医疗保险、人寿保险和养老金），福利越来越成为薪酬的一种重要形式。

二、薪酬管理的含义及其特殊性

（一）薪酬管理的含义

薪酬管理是指一个组织针对所有员工所提供的服务来确定他们应当得到的报酬总额以及报酬结构和报酬形式的一个过程。在这个过程中，企业就薪酬水平、薪酬体系、薪酬结构、薪酬构成以及特殊员工群体的薪酬做出决策。同时，作为一种持续的组织过程，企业还要持续不断地制订薪酬计划，拟定薪酬预算，就薪酬管理问题与员工进行沟通，同时对薪酬系统的有效性做出评价并不断予以完善。

（二）薪酬管理的特殊性

1. 敏感性

薪酬管理是人力资源管理中最敏感的部分，因为它牵扯到公司每一位员工的切身利益。特别是在人们的生存质量还不是很高的情况下，薪酬直接影响他们的生活水平；另外，薪酬是员工在公司工作能力和水平的直接体现，员工往往通过薪酬水平来衡量自己在公司中的地位。

2. 特权性

薪酬管理是员工参与最少的人力资源管理项目，它几乎是公司老板的一个特权。老板，包括企业管理者认为员工参与薪酬管理会使公司管理增加矛盾，并影响投资者的利益。所以，员工对于公司薪酬管理的过程几乎一无所知。

3. 特殊性

由于敏感性和特权性，所以每个公司的薪酬管理差别会很大。另外，由于薪酬管理本身就有很多不同的管理类型，如岗位工资型、技能工资型、资历工资型、绩效工资型等，所以，不同公司之间的薪酬管理几乎没有参考性。

三、薪酬管理的内容

1. 薪酬的目标管理

薪酬管理是人力资源管理乃至整个企业管理的核心内容之一，不仅涉及企业的经济核算与效益，而且与员工切身利益息息相关。

2. 薪酬的水平管理

薪酬要满足内部一致性和外部竞争性的要求，并根据员工绩效、能力特征和行为态度进行动态调整，包括确定管理团队、技术团队和营销团队薪酬水平，确定跨国公司各子公司和外派员工的薪酬水平，确定稀缺人才的薪酬水平以及确定与竞争对手相比的薪酬水平。

3. 薪酬的体系管理

这不仅包括基础工资、绩效工资、期权期股的管理，还包括如何给员工提供个人成长、工作成就感、良好的职业预期和就业能力的管理。

4. 薪酬的结构管理

正确划分合理的薪级和薪等，正确确定合理的级差和等差，还包括如何适应组织结构扁平化和员工岗位大规模轮换的需要，合理地确定工资待遇。

5. 薪酬的制度管理

薪酬决策应在多大程度上向所有员工公开和透明化，谁负责设计和管理薪酬制度，薪酬管理的预算、审计和控制体系又该如何建立和设计。

四、薪酬体系设计

（一）薪酬体系的含义

薪酬体系是指薪酬的构成，即一个人的工作报酬由哪几部分构成。一般而言，员工的薪酬包括：基本薪酬（即本薪）、奖金、津贴、福利四大部分。

（二）薪酬体系设计的步骤

1. 薪酬调查

薪酬调查是薪酬设计中的重要组成部分。它解决的是薪酬的对外竞争力和对内公平问题，是整个薪酬设计的基础，只有实事求是的薪酬调查，才能使薪酬设计做到有的放矢，解决企业的薪酬激励的根本问题，做到薪酬个性化和有针对性的设计。通常薪酬调查需要考虑以下三个方面：

第一，企业薪酬现状调查。通过科学的问卷设计，从薪酬水平的三个公平（内部公平、外部公平、自我公平）的角度了解造成现有薪酬体系中的主要问题以及造成问题的原因。

第二，进行薪酬水平调查。主要收集行业和地区的薪资增长状况、不同薪酬结构对比、不同职位和不同级别的职位薪酬数据、奖金和福利状况、长期激励措施以及未来薪酬走势分析等信息。

第三，薪酬影响因素调查。综合考虑薪酬的外部影响因素，如国家的宏观经济、通货膨胀、行业特点和行业竞争、人才供应状况和企业的内部影响因素，如盈利能力和支付能力、人员的素质要求及企业发展阶段、人才稀缺度、招聘难度。

2. 确定薪酬原则和策略

薪酬原则和策略的确定是薪酬设计后续环节的前提。在充分了解企业目前薪酬管理现状的基础上，确定薪酬分配的依据和原则，以此为基础确定企业的有关分配政策与策略，如不同层次、不同系列人员收入差距的标准，薪酬的构成和各部分的比例等。

3. 职位分析

职位分析是薪酬设计的基础性工作。基本步骤包括：结合企业经营目标，在业务分析和人员分析的基础上，明确部门职能和职位关系；然后进行岗位职责调查分析；最后由岗位员工、员工上级和人力资源管理部门共同完成职位说明书的编写。

4. 岗位评价

岗位评价重在解决薪酬对企业内部的公平性问题。通过比较企业内部各个职位的相对重要性，得出职位等级序列。岗位评价以岗位说明书为依据，方法有许多种，企业可以根据自身的具体情况和特点采用不同的方法来进行。

5. 薪酬类别的确定

根据企业的实际情况和未来发展战略的要求，对不同类型的人员应当采取不同的薪酬类别，例如，企业高层管理者可以采用与年度经营业绩相关的年薪制，管理序列人员和技术序列人员可以采用岗位技能工资制，营销序列人员可以采用提成工资制，企业急需的人员可以采用特聘工资制等。

6. 薪酬结构设计

薪酬的构成因素反映了企业关注的内容，因此采取不同的策略、关注不同的方面就会形成不同的薪酬构成。企业在考虑薪酬的构成时，往往综合考虑以下四个方面的因素：一是职位在企业中的层级，二是岗位在企业中的职系，三是岗位员工的技能和资历，四是岗位的绩效，分别对应薪酬结构中的不同部分。

第五节　企业劳动合同管理与劳动争议

一、劳动合同管理

1. 劳动合同管理的含义

劳动合同管理是指根据国家法律法规和政策的要求，运用组织、指挥、协调、实施职能对合同的订立、履行、变更和解除、终止等全过程的行为所进行的一系列管理工作的总称。劳动合同管理是人力资源管理中重要的一个环节。加强劳动合同管理，提高劳动合同的履约率，对提高劳动者的绩效，激发劳动者的积极性，维护和谐的劳动关系，促进企业的健康发展来说具有十分重要的意义。

2. 劳动合同管理的内容

劳动保障行政部门和用人单位对劳动合同的管理主要有以下五个方面的内容。

①建立一套科学的劳动合同管理制度，包括相配套的管理办法，如制定劳动合同行为规范、提供示范合同或标准合同范本等。

②督促、检查、指导用人单位与劳动者依照劳动法律、劳动法规及有关政策签订劳动合同，切实履行劳动合同。通过引导的方法和服务的手段使劳动合同当事人双方的行为依法实施。这项管理内容贯穿于劳动合同订立的事前或事后。

③对用人单位的劳动合同管理工作进行业务指导。例如，帮助用人单位建立关于劳动合同归档保管制度，劳动合同执行情况的定期检查、统计制度，以及与劳动合同履行相关的职工工资、职级晋升档案和职工医疗期等台账。

④制止和纠正违反劳动法律、法规、政策和劳动合同的行为。根据《中华人民共和国劳动法》第85条的规定，劳动保障行政部门对违反劳动法律法规的行为有权制止，并责令改正。如用人单位非法招用未满16周岁的未成年人、诱骗劳动者签订劳动合同从事非法活动、拖欠职工工资、非法限制职工人身自由等，劳动保障行政部门除依法采取行政处罚手段责令改正外，需要追究刑事责任的，还应移交司法机关处理。

⑤用人单位应设立专门的部门和指定专人管理劳动合同，除制定劳动合同书管理的具体办法外，还应制定与劳动合同运行相配套的各项制度，如考勤制度、奖惩制度、分配制度等。

二、劳动争议

1. 劳动争议的含义及类型

第一，劳动争议的含义。劳动关系当事人之间因劳动的权利与义务发生分歧而引起的争议，又称劳动纠纷。

第二，劳动争议的类型。

劳动争议按照不同的标准，可划分为以下三种。

①按照劳动争议当事人人数多少的不同，可分为个人劳动争议和集体劳动争议。个人劳动争议是劳动者个人与用人单位发生的劳动争议；集体劳动争议是指劳动者一方当事人在3人以上、有共同理由的劳动争议。

②按照劳动争议的内容,可分为:因履行劳动合同发生的争议;因履行集体合同发生的争议;因企业开除、除名、辞退职工和职工辞职、自动离职发生的争议;因执行国家有关工作时间和休息休假、工资、保险、福利、培训、劳动保护的规定发生的争议;等等。

③按照当事人国籍的不同,可分为国内劳动争议与涉外劳动争议。国内劳动争议是指中国的用人单位与具有中国国籍的劳动者之间发生的劳动争议;涉外劳动争议是指具有涉外因素的劳动争议,包括中国在国(境)外设立的机构与中国派往该机构工作的人员之间发生的劳动争议、外商投资企业的用人单位与劳动者之间发生的劳动争议。

2. 劳动争议处理机构及程序

第一,劳动争议处理机构。我国目前处理劳动争议的机构为:劳动争议调解委员会、地方劳动争议仲裁委员会和地方人民法院。

第二,劳动争议处理程序。

①劳动争议发生后,当事人可以向本单位劳动争议调解委员会申请调解;

②调解不成,当事人一方要求仲裁的,可以向劳动争议仲裁委员会申请仲裁;

③当事人一方也可以不经调解直接向劳动争议仲裁委员会申请仲裁;

④对仲裁裁决不服的,可以向人民法院提起诉讼。

第七章　现代企业文化建设

第一节　现代企业文化的含义、特征、功能与内容

一、现代企业文化的含义

1. 物质层面——企业文化的基础（表层文化）

物质层面即外显层，它包括企业凝聚企业精神文化的生产经营过程和产品的总和以及实体性的文化设施，企业的产品、服务、技术、车间、厂房、设备设施、环境、广告、产品包装设计、员工福利待遇等所有物质构成了企业文化的基础，是企业精神文化的物质体现和外在表现，从外观上体现着企业的管理水平。

2. 制度层面——企业文化的关键（中层文化）

制度层面即中间层，它是企业物质文化与精神文化的中介，具有固定、传递功能。它既是人的意识形态与观念形态的反映，又由一定物的形式构成。它制约着员工的行为举止及表层文化的状况，它包括企业领导体制、企业组织机构和企业管理制度等，是企业文化的关键。

3. 精神层面——企业文化的灵魂（深层文化）

精神层面即内隐层（观念层），它是企业受一定的社会文化背景、意识形态影响而形成的精神成果和文化观念。它是企业文化的核心，是企业精神、企业哲学、企业价值观、企业道德、企业形象、企业风尚等的总和。它是企业物质文化、制度文化的升华，是企业生命赖以存在的灵魂。

从上述可见，企业文化的三个层次是紧密联系的。物质层是企业文化的外在表现和载体，是制度层和精神层的物质基础；制度层则约束和规范着物质层及精神层的建设，没有严格的规章制度，企业文化建设无从谈起；精神层是形成物质层和制度层的思想基础，也是企业文化的核心和灵魂。

二、企业文化的特征

企业文化的一般特征概括起来有以下八个方面。

1. 群体性

文化是一定群体所共有的思想观念和行为模式。在一个社会中，每一个群体中的成员其思想观念和行为都不可能取得完全一致，但在一些基本观念和基本行为上是能取得共识和一致的。这种共识和一致就形成了该群体的整体文化，它是企业这个群体所共有的思想观念和行为模式。

2. 民族性

由于各民族的风俗习惯、宗教信仰、价值观念、生活方式和伦理道德不同，因而各民族形成了具有各自不同个性的民族文化。这种民族文化也反映在企业文化上，使企业形象具有本民族特色的特定模式。由于企业文化的民族性，使各民族的企业文化呈现出丰富多彩的景象。

3. 客观性

企业文化本身是一个客观存在。如果企业文化是一个积极向上的客观存在，就符合社会需要；反之，如果企业文化是一个消极落后的客观存在，就会对企业、对社会起负作用。所以，不能说有企业文化的企业就是一个出色的企业。优秀的企业文化有助于形成一流的经营业绩，这已是为实践所证明了的。需要说明的是，强调企业文化的客观性，并不否认人们在塑造企业文化过程中的主观能动性，相反，优秀的企业文化本身恰是企业成员长期精心塑造培育的结果。

4. 可塑性与时代性

企业文化并不是自来具有的，它是通过企业在其生存发展过程中逐渐总结而形成的，也就是说，企业文化重在后天的培养和塑造。已形成的企业文化也并非一成不变，围绕着它的中心实质，在具体的内容上、表述上都会随着组织外部环境的变化而变化，具有较强的时代性。企业应不断以新的思想观念来丰富企业文化的内容，紧跟时代步伐，使企业文化保持明显的时代特征。

5. 凝聚性与人本性

企业文化影响着企业成员的处世哲学和世界观，也影响着人们的思维方式。因此，在某一特定的组织内，人们总是为自己所信奉的哲学所驱使，它起到了黏合剂的作用。它通过共同的价值观和企业精神，把企业全体成员团结成一个有机整体，共同为企业目标的实现而努力。不仅如此，良好的企业文化同时意味着良好的组织气氛，它能鼓舞士气，增强群体凝聚力。这种群体凝聚力体现在员工的思想和行为上，有利于增强企业群体的统一、企业整体取向的一致以及企业团结一致对外开展竞争等。

6. 内、外在统一性

企业文化是企业群体内在要素（价值观、企业精神、经营哲学等）和外在要素（行为准则、生活方式、企业外在形象等）的统一。企业的内在要素决定外在要素，而外在要素影响内在要素。企业的价值观等这些观念性的东西，要通过企业自己的从业方式才能变为现实，如要实现"顾客至上"的信念，就要通过自己对顾客热情周到的服务使顾客满意；反之，如果服务态度恶劣，那么"顾客至上"的信念就变成了一句空话。所以，企业文化是企业的内在信念和外在行为的统一。

7. 系统性

现代企业文化具有系统性。作为一个系统，企业文化是由企业内互相联系、互相依赖、互相作用的不同层次和不同部分组成的有机整体。在企业文化系统中还存在着不同的子系统，即存在着不同文化差别的员工群体。不同的部门有不同的文化风格，如市场部和研发部门可能热衷于根据市场进行产品创新，财务部门和生产部门则可能要保守得多，对产品的频繁创新持谨慎态度。企业文化系统性导致的"子文化"现象，使管理者在进行企业文化建设时要妥善处理好系统中不同子文化之间的冲突和协调，保证整个企业文化运行朝预定的目标发展。

8. 长期性与稳定性

企业文化的长期性是指企业文化的塑造和重塑的过程需要相当长的时间，而且是一个极其复杂的过程。作为企业文化表现形式的准则、口号等可以快速形成，但作为一种文化现象，组织的群体意识和共同精神以及价值观的形成不可能在短时期内形成，优秀的企业文化更是如此。同时，企业文化一旦形成，其影响力也是长期的。

上述特点体现出了企业文化是无形性和有形性的交叉、非强制性和强制性相结合、稳定性和灵活性相统一等共性特征。

三、企业文化的功能

企业文化的功能是指企业文化发生作用的能力，亦即企业这一系统整体以人为中心、以人为本导向进行生产、经营、管理的能力。企业文化对企业管理具有不可替代的功能，这种功能体现在以下八个方面。

1. 导向功能

企业文化对企业整体和企业每个成员的价值取向及行为都具有导向功能，体现在规定企业行为的价值取向、明确企业的行动目标、确立企业的规章制度三个方面。一个企业的企业文化一旦形成，它就建立起自身系统的价值和规范标准。现代企业文化在企业员工及其行为方面起着"方向盘"的作用。员工总是跟随企业提倡的价值观来摆正自己的位置和做出自己的行为决策。企业文化可以长期引导员工为实现企业目标而自觉地努力工作。

2. 规范功能

企业文化虽然是无形的、非正式的、非强制性和不成文的行为准则，但对员工的思想和行为起着有效的规范作用。其规范功能发挥作用的机制是：通过培养员工的归属感、自豪感、责任感、优胜感、荣誉感等情感因素，使员工的思想和行为与企业文化统一起来。在一个特定的文化领域中，人们的言行由于企业特定的准则而受到赞扬和鼓励，因而获得了心理上的平衡和满足，反之则会产生失落和挫折感。这样，员工就会逐渐以企业文化为标准来规范自己的思想和行为方式，产生以企业文化为主导的"从众行为"。

3. 凝聚功能

企业文化反映员工的意愿，体现员工的利益，能把员工团结在一起，对员工产生向心力和凝聚力，让员工为企业同心协力、共同奋斗。具体通过目标凝聚、价值凝聚、理想凝聚三个方面来实现。企业文化是一种内在凝聚力，一种强有力的黏合剂，通过共同的价值观和意志的信念目标，能促成员工在待人处事等方面的共识，形成一个协调融洽、配合默契的高效率的生产经营团队，产生巨大的生产力和较强的竞争力，使整个企业系统最大限度地发挥其全部效能。

4. 激励功能

企业文化的激励功能是指通过正确的价值观、企业精神、企业目标等在员工心目中渗透，使员工产生强烈的责任感和自豪感，鼓舞员工为企业的发展拼搏奉献。企业文化的核心内容是关心人、尊重人和信任人，它对人的激励不是一种外在的推动而是一种内在引导，不是被动消极地满足人们对实现自身价值的心理需求，而是通过企业文化的塑造，使每个员工从内心深处产生为企业拼搏的献身精神。企业文化的激励功能是通过满足员工高层次需要来发挥作用的，通过积极向上的企业精神和对员工需求的满足，激发员工的进取心，把潜在生产力变为现实生产力；通过确立科学合理的企业目标，激励员工充分发挥其才能，保持工作的高效率；通过确立正确的价值观，使企业员工认识到自己工作的意义，鼓励员工努力工作。

5. 辐射功能

现代企业文化作为一个系统，不仅在其内部从事活动，并且还要与外部环境进行交流，要受到外部环境的影响并相应地对环境产生反作用。企业是社会的细胞，通过企业文化建设，在企业文化形成以后，特别是在其发展到较高水平后，不仅会对企业本身产生强烈的感染力，而且还可以通过企业员工与外界的交往，把企业的优良作风和良好的精神风貌传播、辐射到企业外部，对社会文化产生重大影响。企业文化的这种"自我表现"功能，不仅提高了企业的知名度和美誉度，优化了企业形象，也会对社会文化的净化、改进起到积极的推动作用。

6. 约束功能

企业文化对员工行为具有无形的约束力。企业文化把以尊重个人感情为基础的、无形的外部控制和以群体目标为己任的内在自我控制有机融合在一起，实现外部约束和自我约束的统一。

7. 协调功能

企业文化的形成使企业员工有了共同的价值观念，对众多问题的认识趋于一致，增加了相互间的共同语言和信任，使大家在较好的文化氛围中交流和沟通，减少各种摩擦和矛盾，使企业上下左右的关系较为密切、和谐，各种活动更加协调，个人工作也比较心情舒畅。企业文化充当着企业"协调者"的角色。

8. 优化功能

优秀的企业文化一旦形成就会产生一种无形的力量，对企业经营管理的方方面面起到优化作用。企业文化的优化功能，不仅体现在"过程"之后，即对错误结果进行修正，也体现在"过程"之前和"过程"之中，对组织活动和个人行为起到必要的预防、警示和监督作用。

四、企业文化的基本内容

企业文化的内容很丰富，其主要有以下九个方面。

1. 企业环境

企业环境是指企业所处的外部环境和内部环境，包括企业的所有制性质、行业经营方向、市场机制的作用、集权与分权的程度、企业内部的文化设施等，不同的企业环境有不同的企业文化特色。

2. 企业哲学

企业哲学是企业在一定的社会历史条件下，在生产、经营、管理活动中所表现出来的世界观和方法论，是企业进行各种活动、处理各种关系的总体观点和综合方法。企业的兴衰成败，关键在于企业行为的正确与否。在企业中指导企业行为有一个根本的指导思想，这就是企业哲学。每一个成功的企业都以此为企业的发展提供基本思路，为员工的创造性工作提供思想方法。企业哲学是企业人格化的基础，是企业形成自己独特风格的源泉。通常情况下，任何一个企业在创造其具有本企业特色的企业哲学时，都应包括和体现物质观念、系统观念、动态观念、效益和效率观念、市场观念、风险和竞争观念、信息观念、人才观念等。

3. 企业价值观

企业价值观是指企业群体的共同的价值观，主要指企业的基本信仰、追求和经验理念，也就是解决企业是为了什么，企业追求什么样的目标，企业提倡什么、反对什么等方面的问题。企业价值观是企业文化的核心要素，在企业文化中起着主导和支配作用，直接渗透于企业生产经营活动的各个方面，既影响着企业生产经营的目标，企业生产经营活动的指导思想、管理原则和企业精神，又制约着企业的行为、规范和准则，就连企业的劳动产品也毫不例外地带有价值观念的痕迹。

4. 企业精神

企业精神是指企业在生产经营活动过程中形成的，建立在共同的信念和价值观念基础上，为企业职工所认可和接受的，并能激发企业员工积极性和增强企业活力的一种群体意识和信念。企业精神是企业文化的重要组成部分，它是企业的精神支柱，是员工的一种崇高的精神存在，是一种自觉养成的特殊意志和信念。企业精神渗透在企业目标、经营方针、职业道德、人事关系中，反映在厂风、厂纪、厂容、厂誉、厂歌上，用来激励、统率企业每个员工的意志，使企业员工在企业精神的呼唤下自觉地为企业献身。

5. 企业道德

企业道德是调整企业与企业之间、企业内部员工之间关系的行为规范总和，是一种特殊的价值体系，是企业法规的必要补充。它是以善良与邪恶、正义与非正义、公正与偏私、诚实与虚伪等相互对立的道德范畴为标准来评价企业及员工各种行为，并调整企业、员工之间的关系的。它一方面通过舆论和教育的方式影响员工的心理和意识，形成员工的是非观念，从而集中形成员工内心的信念；另一方面又通过舆论、习惯、规章制度等形式在企业和社会中确定下来，成为约束企业和员工行为的原则和规范。

6. 企业制度

企业制度是企业在生产、管理的实践中所形成的带有强制性的义务，并能保障一定权利的规定。它包括企业的厂规等一切规章制度和技术操作规程、工作标准等。企业制度作为职工行为举止的规范模式，能保证广大职工思想行为的正确方向和企业发展的和谐与协调，使企业有秩序地组织起来，为实现企业目标产生最大的功效。企业制度是企业文化的重要组成部分，是企业文化中诸强制要素的综合反映。

7. 企业形象

企业形象是指社会大众和企业职工对企业外感形象和内在精神的总体印象和整体评价。企业外感形象包括产品质量、经营规模、服务特色、公共关系、广告以及企业标志、图案等。企业的内在精神包括企业宗旨、经营管理特色、管理者和员工的素质、技术力量、产品的研制力和开发力以及创新和开拓精神等。企业形象是企业文化对外界公众的直接表现，体现着企业的声誉，反映社会对企业的认可程度。良好的企业形象，对内可以使职工产生强烈的凝聚力，对外可以使公众理解和体会到企业的内在精神和深层文化，使职工和社会公众对企业产生信心和依赖感。

8. 企业风尚

企业风尚就是企业及员工在其经营活动中逐步形成的一种精神现象，它综合反映企业及员工在价值观念、管理特色、道德风尚、传统习惯、企业精神、生活方式等方面的精神状况。企业风尚中的传统习惯、伦理道德等反映了企业及员工的风尚；价值观念、精神状态等表现了企业及员工的风骨；工作方式、管理特点等表现了企业及员工的风格；厂容、厂貌、工厂环境及形象等表现了企业及员工的风度。企业风尚是社会风尚的一部分，它是企业精神、企业意识、企业制度、企业价值的综合反映，它全面而综合地反映出一个企业的精神面貌，再现出一个企业的文化建设水平。

9. 企业教育

企业教育是指企业依据员工的现实文化知识水平和思想政治状况而进行的一系列有目的、有组织的教育活动。企业教育的内容非常广泛，包括员工的文化教育、技术训练、政治思想教育、文化娱乐、企业的礼仪和企业的联谊活动等。企业教育是企业文化的外在表现。企业文化的内在本质既通过各种文化教育活动体现出来，又通过各种文化教育活动得以发展和强化。事实上，企业哲学、企业精神、企业道德、企业民主、企业制度等只有通过各种企业教育，通过员工文化素质、思想素质、道德素质的提高，才能成为全体员工的行为规范。

第二节　现代企业文化管理

一、企业文化管理

（一）企业文化管理的含义

现代企业文化管理是指一个企业经过长期努力形成的观念、传统、风格、制度等精神力量，深入地渗透到企业外在形象和内在个性之中，渗透到企业经营与管理的所有环节之中，激发广大消费者强烈的购买欲望，激发员工奋发图强，实现企业目标的系统化精神创造活动及其成果的管理方法。从某种意义上讲，文化管理是企业管理的最高境界。

（二）企业文化管理的特征

1. 文化管理能激发员工的自我约束力和内在动力

文化管理不排斥规章制度，因为没有制度就谈不上管理，但是管理要达到预期的效果必须激发人们自觉的行动，而不是形式上的遵守。文化管理的重点是人，特别着眼于人的价值观念，激发员工的责任感，增强员工的积极性，强调人与工作的一体化，主张通过价值观念的张扬和企业精神的培育来促进工作目标的实现。文化管理在相当的程度上是靠员工的自我管理，它依赖于员工的内在心理激发过程，把管理者的意志和企业的目标变成人们自觉的行动，使员工的心中产生一种自我约束力和内在驱动力。

2. 文化管理具有强大而持久的影响力

企业中高昂士气的形成受员工个体特质、企业的历史传统及周围环境等多种因素的影响，员工个人目标与企业目标之间、员工的价值取向之间常常也是不易协调一致的。然而，文化管理发挥作用的基础就在于员工的心理、认知基础上的价值观，它所依靠的是企业的共同价值观和心理文化氛围。所以，一旦企业确立的价值观被员工所认同，它就获得了一种相对独立性，成为一种群体意识、群体价值观。这就是文化管理的凝聚力，它具有持久的影响力。

3. 文化管理的激励会使整个企业更具活力

文化管理所采取的激励方式主要是满足员工的自我实现需要、发展需要和满足成就需要等，激发员工的工作动机，增加员工在工作过程中的内在自觉性，使员工在各自的岗位上能更加努力，愿意挖掘其潜能，发挥其天赋，使员工做出超常的工作成就。用企业文化来管理企业，会使企业充满活力。

（三）企业文化管理的误区

目前，企业文化管理存在着一些误区，不走出误区，花了很大力气建设起来的"企业文化"，很可能是一种落后文化。这些误区表现在以下四个方面。

1. 形象设计形式化

企业形象是企业文化的外在表现，良好的企业形象可以使企业很快获得知名度，但有些企业出巨资聘请国内外专家设计"包装"方案，由于缺乏企业文化内涵，结果企业仍然打不开市场，甚至连生存都发生了问题。

2. 企业精神口号化、大众化

企业精神是企业文化的精髓，应该具有强烈的企业内在个性。但是，有些企业不知该如何形成企业精神，就靠空话来代替，这些克隆别的企业的精神，当然起不到凝聚和激励员工的作用，却把管理层的肤浅、懒惰暴露无遗。

3. 行为规范文件化

有些企业虽然制定了行为规范，但只是停留在文件和汇报上，处于从文字到文字的状态。由于不理解行为规范的对象是活生生的人而不是文件、手册，最后使行为规范变成了"花架子"，对员工行为根本起不到规范作用。

4. 文化管理应景化

不少企业片面地认为，企业文化管理是创造优美的企业环境，只注重企业外观色彩的统一协调，花草树木的整齐美观，衣冠服饰的整洁大方，设备摆放的流线优美，却忽视培育员工的价值取向。还有的把企业文化看成唱歌、跳舞、打球，热衷于建舞厅、成立歌唱队、球队等，把文化管理与文体活动画等号，这不仅反映出对本企业应有什么样的文化特色缺乏认识，更反映出企业文化底蕴不足，根基不实，在这种种状况下产生的企业文化只能是表演文化、应景文化。

之所以会产生以上企业文化管理的误区，主要是对企业文化管理的概念、目的和方法缺乏全面和正确理解的结果。

（四）企业文化管理的判别标准

企业是否实行了文化管理，可以从以下五个方面来分析评判。

1. 是否实行了以人为中心的管理文化

管理理论认为，人是企业管理的出发点和归宿员。对内，文化管理强调关心员工、尊重职工，千方百计调动员工的积极性；对外，文化管理强调要关心用户，真正树立"用户第一"的价值观。

2. 是否努力培育企业的共同价值观

人的最大特点是有思想、有感情，人的行为无不受到观念和情感的驱使。行为科学研究了人的行为规律，呼吁企业家关心员工的感情需要、社会需要，但他们的研究较多地局限在个体行为上。企业文化理论将重点移至群体行为上，因为只有员工协调一致的努力，才会使企业赢得成功。但是，协调一致的群体行为的出现，依赖于共同信守的群体价值观的培育。因此，是否重视培育企业共同的价值观，是是否实施企业文化管理的基本标志之一。

3. 企业制度与群体价值观是否一致

企业的内部管理制度是外在的行为规范，它与内在的群体价值观是否一致，可以说明这家企业是否真正确立了文化管理观念，因为不同的制度说明和强化了不同的价值观。平均主义的分配制度强化了"平庸"和"懒汉"的价值观；按劳取酬、按资分配的分配制度强化了"进取""劳动""创新"的价值观。企业要实施文化管理，关键的一条是企业内部制度要与共同价值观协调一致。

4. 是否实行了"育才型"领导

从领导方式上来研究从科学管理到文化管理的飞跃，把领导方式分为三类，即师傅型、指挥型和育才型。前两种类型的领导的特点是权利和责任高度集中，任何重要的决策只由一人做出；不尊重下级的创造性和智慧；只关心工作任务的完成，不关心下级的疾苦、冷暖和成长，而育才型领导则实行分权管理，上级和下级共担责任、共同控制；尊重下级的创造性和智慧；既关心工作任务的完成，又关心下级积极性的发挥和能力的培养；干一切工作都依靠配合默契的团队；培养团队精神成为企业关注的焦点。文化管理就是需要这样的育才型领导。

5. 是否将硬管理与软管理有机地结合

科学管理主要依靠规章制度、直接的外部监督以及行政命令进行的刚性管理；而文化管理则要求开展公司文化建设，培育共同的价值观，建立良好的企业风气，形成和谐的人际关系。文化管理是软、硬管理两者有效结合的最佳管理方式。制度、纪律是强制性的硬要素，但它们要靠企业精神、共同价值观得到自觉的执行和遵守；企业精神、企业道德、企业风气是非强制性的软要素，但其形成的群体压力和心理环境对员工的推动力又是不可抗拒的硬要素，特别是这种软环境的建立和维持，离不开通过执行制度、进行奖惩来强化。

二、企业文化管理的目的和方法

（一）企业文化管理的目的

企业文化管理的目的是使企业更好地适应 21 世纪知识经济时代的要求，运用在企业文化建设中所形成的企业理念、规范等精神力量，充分调动企业全体人员的积极性和创造性，更好地满足消费者的需要，提高企业的竞争力。

（二）企业文化管理的方法

1. 形成理念的方法

企业理念要脚踏实地在平日养成，还要经历长期的精心培育才能形成，绝非一朝一夕之事，更不是权宜之计，而是企业的理性发展。企业理性发展的内在因素是人才、组织机构和运作方式，但基础是企业的理念，这种理念必须经历长期的努力才能日趋完善和成熟。因此，形成企业理念的方法是用一种企业精神把大家凝聚起来，并把这种精神化为一种集体的行动，最后形成理念。只有这种理念，才能真正成为全体员工的行为准则，才能使企业持续发展。

企业理念的优势在于能适应企业的具体实际，显现出企业的个性，具有企业特色，这是企业理念具有生命力的关键。新一轮的企业价值观念系统的创建，必须以企业发展的现实阶段为背景，以企业深化改革发展的既定目标为参照，以企业的战略需要与领导和员工实际存在的不适应性为切入点，才能找到核心价值观的定位。

在计划经济烙印较深的企业中，一直要求企业主管和员工只讲奉献，不求回报，于是企业主管和职工就只知道按部就班，安于现况，得过且过，不需要面向市场，久而久之，整个企业就会变成缺乏主动向上的敬业精神和挑战意识，失去生命力和竞争力的团队。因此，企业必须让大家学习起来，主管人员边学习边管理，员工通过学习进一步提高自己的技能，整个企业在全面创新的过程中不断体验企业的文化，才能用学习型的企业文化管理建设来改变人员的理念，人人积极向上，才能找到深化企业文化管理的正确方向。

2. 形成规范的方法

现代企业的每一个活动场所和日常活动都应有相应的行为规范，每个岗位都按照一定的规范履行自己的职责。企业文化管理靠的就是制度文化。凡是成功的企业行为规范都有其独特之处，是在企业目标和企业所处的环境不断冲突、不断调整中产生的，决不可照搬别人的一套。企业制定和执行必要的管理制度和行为规范是为了更好地自我管理，为自我约束提供保障，使企业正常有序地运作。

对每个企业而言，只有理性和行动才是宝贵的行动；只有价值标准的高度统一，才是高度统一。通过这样的理念与规范的有机结合，逐渐将企业的日常工作、学习等活动纳入企业目标和企业运行的轨道，经过不习惯向自觉遵守转化，使整个企业处于有序和温馨的气氛中。

第三节　现代企业文化建设

一、企业文化建设

（一）企业文化建设的含义

企业文化建设是指构造企业文化的过程，是企业经营战略中的一项长期、艰巨、细致的系统工程。现代企业正如具有意识和生命的肌体一样，它的活力不但依靠物质的代谢，也与精神文化活动紧密相连。要把建设企业文化置于生产经营活动的先导地位。

（二）企业文化建设的目标

1. 确定理念识别内涵

第一，确定全体职工的价值观。企业价值观是企业文化的核心，决定企业的命脉，关系企业的兴衰。现代企业不仅要实现物质价值，还要有文化价值，要充分认识企业竞争不仅是经济竞争，更是人的竞争、文化的竞争、伦理智慧的竞争。企业的最终目标是服务社会，实现社会价值最大化。

第二，确立企业精神。培育有个性的企业精神是加强企业文化建设的核心，培育具有鲜明个性和丰富内涵的企业精神，最大限度地激发员工内在潜力，是企业文化的首要任务和主要内容。企业精神是指：企业员工在长期的生产经营活动中逐步形成的，由企业的传统、经历、文化和企业领导人的管理哲学共同孕育的，并经过有意识的概括、总结、提炼而得到确立的思想成果和精神力量，必须是集中体现一个企业独特的、具有鲜明的经营思想和个性风格，反映企业的信念和追求，并由企业倡导的一种精神。培养企业精神，要遵循时代性、先进性、激励性、效益性等原则，不仅要反映企业的本质特征，而且要反映出行业的特点和本单位特色，体现出企业的经营理念。

第三，确立符合集团实际的企业宗旨是企业生存发展的主要目的和根本追求，它以企业发展的目标、目的和发展方向来反映企业价值观。企业道德是在企业生产经营实践的基础上，基于对社会和对人生的理解做出的评判事物的伦理准则。企业作风是企业全体干部员工在思想上、工作上和生活上表现出来的态度、行为，体现企业整体素质和对外形象。

2. 确立视觉识别，统一标识、服装、产品品牌、包装等，实施配套管理

在企业发展中还要以务实的态度不断完善企业视觉识别各要素，做到改进—否定—再改进—再确定，包含企业标识、旗帜、广告语、服装、信笺、徽章、印刷品统一模式等，以此规范员工行为礼仪和精神风貌，在社会上建立起企业的高度信任感和良好信誉。

3. 确立行为识别

确立行为识别主要体现在两个方面：一方面是企业内部对职工的宣传、教育、培训；另一方面是对外经营、社会责任等内容。要通过组织开展一系列活动，将企业确立的经营理念融入企业的实践中，指导企业和员工行为。

4. 以人为本，树立精干高效的队伍形象，打造精神文化

企业文化的实质是"人的文化"，人是生产力中最活跃的因素，人是企业的立足之本。企业员工是企业的主体，建设企业文化就必须以提高人的素质为根本，把着眼点放在"人"上，达到凝聚人心、树立共同理想、规范行动、形成良好行为习惯、塑造形象、扩大社会知名度的目的。为此，要做好建立学习型组织建设，抓好科学文化知识和专业技能培训，培育卓越的经营管理者带动企业文化建设，做好思想政治工作等相关工作。

5. 内外并举，塑造品质超群的产品形象，打造物质文化

企业文化建设应与塑造企业形象相统一，实现技术创新，做到群众性合理化建议活动持之以恒，使之具备独特的技术特色和产品特色。教育员工要像爱护自己的眼睛一样爱护企业的品牌声誉，使企业的产品、质量在社会上叫得响、打得硬、占先机，展企业精华。要做到在经营过程中的经营理念和经营战略的统一；做到在实际经营过程中所有员工行为

及企业活动的规范化、协调化；做到视觉信息传递的各种形式相统一，为促进企业可持续发展奠定坚实基础。

6. 目标激励，塑造严明和谐的管理形象，打造制度文化

企业管理和文化之间的联系是企业发展的生命线，战略、结构、制度是硬性管理；技能、人员、作风、目标是软性管理。强化管理，要坚持把"人"放在企业的中心地位，在管理中尊重人、理解人、关心人、爱护人，确立员工主人翁地位，使之积极参与企业管理，尽其责任和义务。强化管理要搞好与现代企业制度、管理创新、市场开拓、实现优质服务等的有机结合。还要修订并完善职业道德准则，强化纪律约束机制，使企业的各项规章制度成为干部、员工的自觉行为。提倡团队精神，成员之间保持良好的人际关系，增强团队凝聚力，有效发挥团队作用。

7. 塑造优美整洁的环境形象，打造行为文化

人改造环境，环境也改造人，因此，要认真分析企业文化发育的环境因素，使有形的和无形的各种有利因素成为企业文化建设的动力源泉。采取强化措施，做到绿化、净化、美化并举，划分区域，责任明确，做到治理整顿并长期保持环境卫生。要开展各种文体活动，做到大型活动制度化，如体育活动（趣味运动）会、企业文化艺术节等；小型活动经常化，如利用厂庆、文体活动等形式丰富员工文化生活，赋予各种活动以生命感，强化视觉效应。

（三）企业文化建设的基本原则

1. 目标原则

每个企业都有一个明确的目标，让每个员工都明确其工作是与企业目标联系在一起的，是为实现企业目标而努力的。

2. 价值原则

每个企业都应有一个员工共同信守的价值标准。

3. 卓越原则

企业要具备追求卓越的精神，即永不自满、不断攀登高峰的精神。

4. 参与原则

员工参与管理、参与决策。

5. 成效原则

把员工的利益与其工作成果成效联系起来，使员工的每项成就都能得到肯定和鼓励。

6. 亲密原则

在企业中，组织与个人之间、管理者与员工之间、上级与下级之间都应建立起情感，满足每个职工的情谊、友爱需要。

7. 正直原则

每个管理人员和领导者都要诚实正直、言行一致。

8. 环境原则

把企业作为一个整体，让管理者与员工共同参与各种活动，使每个员工感受到自己就是企业的一员，形成一个整体环境。

（四）企业文化建设的主要内容

从企业的文化结构分析，企业文化建设的主要内容应该有以下三个方面。

1. 物质文化的建设

物质文化的建设是企业文化的表层建设，其目的在于树立良好的企业形象。其主要内容包括以下三个方面。

（1）产品文化价值的创造

要运用各种文化艺术和技术美学手段作用于产品的设计和促销活动，使产品的物质功能与精神功能达到统一，使顾客得到满意的产品和服务，从而加强产品和企业的竞争能力。

（2）厂容厂貌的优化

厂容厂貌要能体现企业的个性化，要有好的厂名、厂徽，有合理的企业空间结构布局，有与人的劳动心理相适应的工作环境，从而促进员工的归属感和自豪感，有效地提高工作效率。

（3）企业物质技术基础的优化

要注意智力投资和对企业物质技术基础的改造，以使企业技术水平不断提高。

2. 制度文化的建设

制度文化的建设是企业文化的中层建设，目的是使物质文化更好地体现精神文化的要求。制度文化建设的内容包括企业组织机构设立的合理性，各种制度的科学性，经营管理的有效性，员工作风和精神面貌的严谨性与活跃性，人际关系的融洽性，企业系统运行的协调性，等等。既要吸收外国文化的精髓，更要重视民族文化，尤其要结合本企业的实际，形成和塑造具有本企业生产经营特色、组织特色、技术特色和管理特色的文化。

（1）确立合理的领导体制

要明确企业的领导方式、领导结构和领导制度，理顺企业中党、政、工、团等各类组织的关系，以做到领导体制的统一、协调和通畅。

（2）建立和健全合理的组织结构

要明确企业内部各组成部分及其相互关系，以及企业内部人与人之间的相互协调和配合关系，建立高效精干的结构，以利于企业目标的实现。

（3）建立和健全开展生产经营活动所必需的规章制度

要以明确合理的规章制度规范企业员工的行为，使企业员工的个人行动服从于企业目标的要求，以提高企业系统运行的协调性和经营管理的有效性。

3．精神文化的建设

精神文化的建设是企业文化核心层的建设，它决定着企业物质文化和制度文化的建设。首先，要明确企业所奉行和追求的价值观念，使之成为企业生存的思想基础和企业发展的精神指南。其次，要塑造企业精神。要深入研究和挖掘民族文化的优秀成果，处理好传统文化与现实文化、民族文化与外来文化的关系，有效地予以鉴别、批判、吸收、消化和融合，在总结企业历史、展望企业未来的基础上精练地概括企业精神，建立适用于企业的价值观念体系，创立具有本企业特色的企业文化，并利用各种手段使之渗透于企业的各个方面，成为企业生存和发展的主体意识和精神支柱。最后，要促进企业道德的形成和优化，形成良好的道德风气和习俗，以规范员工和企业的行为。

二、企业文化建设的程序、方法和途径

（一）企业文化建设的程序

①企业经营战略的制定。即规划企业未来一定时期内所要达到的目标及为实现目标打算采取的基本策略，包括打算进入的业务领域和在竞争中与竞争对手的相对位置等。这是企业文化系统建设的前提和基础。

②制定企业文化系统的核心内容——企业价值观念和企业精神，为企业文化的建设设定基本框架和努力方向。

③进行企业文化表层的建设。其主要指物质层和制度层的建设，从硬件设施和环境因

素方面为精神层的建设做准备。

④向企业员工进行企业文化深层价值观念的导入和渗透，这是整个建设中最为重要的部分。

（二）企业文化建设的方法

上述企业文化建设的四个步骤中要注意的主要问题如下。

1. 分析内外部环境，制定企业经营战略

企业文化建设中应当根据企业战略来决定建设什么样的企业文化。这是因为：首先，对大多数需要制定和构筑企业文化的企业来说，他们的企业文化培育要适应企业发展战略的要求；其次，现代企业文化常常面临过时的风险。现代企业应当从内部和外部环境分析入手，根据自己的竞争策略来确定价值观念。

所以，尽管制定企业战略时也要结合现有的文化观念来进行，但从总体上来说，应当先确定企业的经营战略，然后选择并塑造企业价值观念体系。

2. 企业价值观念的提炼

合理和有效的文化内核一般不会自发地产生，必须进行审慎的选择。在这个过程中，必须注意以下基本原则。

（1）从实际出发的原则

现代企业形形色色，从地区性公司到跨国集团，从单一经营到跨行业的多元化经营，从单一文化背景的员工构成到分布于世界各地的员工都有可能。企业文化价值体系要结合自身的性质、规模、技术特点、人员构成等因素，从企业实际出发来进行提炼。如果不结合本企业的特点，千篇一律的企业价值观念和企业精神就没有生命力，就会失去应有的价值和意义。

（2）一体化原则

建立企业价值观体系是为了提供一种对员工进行更好的协调和约束的软管理手段，因此良好的价值观必须从企业整体利益的角度来考虑，更好地融合全体员工的行为，而不是仅从个别部门的利益来考虑问题。企业文化的建设可以发动全体员工进行详细讨论，也可以成立中层管理人员协调小组来实现价值观的一体化。一种价值观越是从企业员工的整体心态出发来制定，在以后的实施和向员工的渗透中就越容易和有效。

（3）激励原则

要实现企业文化的激励功能，价值观体系的设计就要符合激励原则。优秀的价值观凝聚着职工的理想和信念，体现着企业发展的方向和目标，是鼓励企业员工努力工作的精神

力量。

3. 企业文化显性层的建设

企业价值观体系确定以后，就是树立具体的企业文化了。这包括显性层和隐性层两方面的建设。前者主要指物质层和制度层，后者主要指精神层。精神层的深入确立，相对显性层的建设来说，是一个长得多的过程，因此在企业文化建设的总过程中，一般把显性层的建设放在隐性层的前面。但事实上，两者可能是同时进行的。

企业文化显性层的建设与一般的管理活动并无多大差别，都着眼于硬件的管理，因而相对来说较为简单。它包括制定相应的规章制度、行为准则，设计公司旗帜、徽章，创作歌曲，建造一定的硬件设施（如文娱体育场所、员工教育中心等）。显性层能为隐性层的建设提供物质上的保证，所以也必须认真地规划和组织建设，以便更好地实现员工价值观念的培育。

4. 企业文化核心观念在全体员工中的培育

企业文化的实质就是加强员工心中的价值观念。由于人自身的复杂性，人们观念的转变通常要花费较长的时间。

（1）员工的甄选和在职教育

对员工的影响其实从招聘就开始了。企业可以在选择员工时就以自身的价值观来衡量候选人，选择与之相符合的人，从而能使他们更好地融合到企业中来，为今后的价值观灌输提供方便。同样，个人在企业中的升迁途径也有助于价值观的确立，企业能通过升迁过程中的倾向性来暗示价值观念。如果公司的高层领导大都是从市场部升迁上来的，那么以市场为导向的观念就很容易得到强化和巩固，也容易为员工所接受。

此外，对员工的宣传和教育也是建设企业文化的有效手段。通过对员工招聘时的筛选和对在职员工进行培训和教育，能从事前和事后两个方面来树立企业文化的价值观体系。但仅做到这些还是不够的，由于企业生产经营的连续性问题使得员工不可能经常性地集中起来进行系统的学习和教育，所以还必须考虑用渗透于日常行为中的方法来强化员工的文化价值观。

（2）模范人物的作用

如果说价值观是企业文化的灵魂，那么模范人物就是价值观的人格化，并集中体现了企业的文化所在，他们是强有力文化中的中枢形象。企业可以通过树立模范人物向员工传达企业的文化价值观念。模范人物是振奋人心、鼓舞士气的因素，他们的一言一行、一举一动都体现了企业的价值观念。他们也许不担任高级职位的工作，但他们德高望重，备受人们的尊敬。可以说，模范人物是企业文化的象征者，一方面，英雄人物能通过自己的行为为企业员工提供样板，告诉大家成功是可望可即的；另一方面，模范人物在企业内的影响可能持续相当长的一段时间，因而对长期的企业文化建设具有尤为重要的意义。

（3）礼节和仪式的安排与设计

礼节和仪式可以把企业生活中发生的一些事情戏剧化，它有潜移默化地宣传企业价值观的作用。抽象的价值观往往要通过礼节和仪式的体现变为有影响的、可见的、可遵循的东西。礼节和仪式能使文化观念变得活泼可见，可以直接体会，并加深员工对文化观念的理解。

礼节和仪式包括工作仪式、管理仪式（包括各种企业会议）、庆典和奖励仪式、社会交往仪式，甚至各种聚会、聚餐、游玩和文娱活动也可以当作特殊的礼节和仪式。这些特殊的仪式可以在正常工作以外的场合使员工获得沟通，实现更好的融合。

管理者通过对企业的各种仪式进行和谐的安排与设计，并赋予它们文化价值观念，让员工在这些看似琐碎的事情和办事方式中得到对文化的更深层次的理解。

（4）文化网络建设

文化网络是一种强化企业文化价值观念的有效工具。在企业组织中，信息的传递渠道通常可以分为两种：正式渠道和非正式渠道。前者主要通过正规的群体，即企业中的正式团体，在正式团体之间进行传播，其内容大都是官方信息。而后者由一些消息灵通人士、小道消息传播者，以及一些非正式的领导组成，其传播内容主要是一些非官方的内容。所谓文化网络就是指信息传递的非正式渠道。非正式渠道在任何组织中都与正式渠道一起存在，因而文化网络的作用不可低估。

文化网络中的信息传递有以下两个特点：一是传递的信息往往是与职工利益密切相关或是企业的重大事件，而那些员工不感兴趣的信息则会被自动筛选出去；二是这些信息往往直接影响员工的工作积极性和互相的协调。

管理者应按如下方式管理文化网络：首先，承认文化网络存在的客观必然性，认识到其重要性；其次，主动地发展某些重要网络，与它们保持适当联系；最后，对文化网络中的信息进行合理的引导，留意将与企业价值观相符合的信息传入网络中。同时，对文化网络中信息发布的关键人物（如消息灵通人士）进行企业价值观和精神的教育，这样就能使文化网络为企业文化的形成做贡献。

（三）企业文化建设的途径

1. 唤起忧患意识，提高全体员工的素质

这是创造企业文化的先导，古人说："生于忧患而死于安乐。"适当的忧患意识能使人

产生危机感、紧迫感、责任感，将压力变为动力，不断开拓进取。

2. 扬弃传统文化，开创新的领域

这是创建企业文化的宗旨。我国具有悠久的历史和灿烂的文化，也产生过不少优秀的企业文化。在深化改革和加大开放力度的同时，我们应继承一些优秀的传统，同时努力学习国外先进的企业文化，古为今用，洋为中用，创造出更为先进的企业文化。

3. 抓住时代特点，体现企业个性

这是创建企业文化的核心。企业文化建设应反映社会的本质特征和时代精神，用"大"文化指导"小"文化，同时根据企业的历史和现状集思广益，进行综合提炼，形成自己的企业文化。

4. 建设五项工程

作为创造企业文化的支柱的五项工程是：企业形象塑造工程（包括社会形象、产品形象、服务形象）、产品开发过程（企业要生产出优秀的引以为自豪的产品）、文化网络工程（一指企业的多项文化设施，二指企业开展的各项文化活动）、职工福利工程（旨在为职工提供优美、安全、稳定的生产、工作生活条件）、心理环境工程。

5. 培育五种精神

五种精神是指主人翁精神、团队精神、竞争精神、开创精神和艰苦创业精神。这五种精神和上述五项文化工程建设的培养相互联系、相互依存、相互促进，从而推动企业文化不断发展。

6. 实施五项工程

采取各种方法积极促进上述五项工程的建设工作。

7. 进行系统教育，举办定期培训

这是创建企业文化的基础。

8. 创造家庭环境，改善员工生活

这是创建企业文化的手段。

9. 提高领导认识，发挥模范作用

这是创建企业文化的保证。

10. 充分利用多种渠道，综合各方面的力量

这是创建企业文化的途径。

第四节　企业形象及其塑造

一、企业形象

（一）企业形象的含义

企业形象是企业内外对企业的整体感觉、印象和认知，是企业状况的综合反映。企业形象是指人们通过企业的各种标志（如产品特点、营销策略、人员风格等）而建立起来的对企业的总体印象。企业形象是企业精神文化的一种外在表现形式，它是社会公众与企业接触交往的过程中所感受到的总体印象。这种印象是通过人体的感官传递获得的。企业形象真实反映企业的精神文化，以及被社会各界和公众舆论所理解和接受，在很大程度上取决于企业自身的主观努力。

（二）企业形象的表现形式

1. 产品形象

产品是企业与外部公众最为直接的联系纽带，公众对企业的印象首先是通过其产品形成的。产品形象的决定因素包括产品的客观质量和主观质量，产品的客观质量一般指产品满足用户物质需要的属性。产品的主观质量是指产品满足用户心理需要的属性，它随着产品的客观质量与用户的需要、偏好及价值取向的相互作用而不断变化。

2. 服务形象

服务形象是企业为公众提供服务的质量，它是公众衡量和评价企业的主要依据之一。因此，企业应明确一切为用户着想的方针，以可靠的信誉、诚实的态度、优质的服务水平在用户的心目中树立起美好的企业形象。

3. 员工形象

它由员工的内在素质及其举止、谈吐、服饰等内容构成，它分为企业家形象和员工形象两部分。企业家形象在员工形象中占主导地位，企业家的一言一行、一举一动往往成为广大员工仿效的对象。同时，企业家经常以企业代表的身份出现在公众面前，他们的思维方式、道德修养、行为举止、服饰谈吐都成为公众评价企业的依据。员工形象表现为员工的文化素质状况、员工的主人翁精神、员工的工作热情、员工的言行举止以及员工自觉维护企业形象的行为等。

4. 物质环境形象

它包括建筑物本身的造型、结构、装潢、色彩、建筑群的配套结构与布局,企业内外的环境布置与绿化等方面。

(三) 企业形象的特征

企业形象在现代社会条件下,一般具有以下几个特征:主观性与客观性的统一;同质性与多质性的统一;确定性与可变性的统一;主动性与被动性的统一;有形性与无形性的统一;整合性与单一性的统一。

(四) 塑造企业形象的重要意义

由于公众只有通过企业形象才能认识企业,进而认识企业文化,在市场竞争中拥有优势的企业都十分重视自身形象的塑造和设计。良好的企业形象是一项十分重要的无形资产:①可以提高企业整体素质和在市场上的竞争力,实现企业的发展战略。②有助于扩大企业知名度,带动企业的名牌战略。③有助于获得社会的帮助和支持,增强企业的筹资能力。④有助于增强企业职工的荣誉感、自豪感和社会责任感。⑤有助于参与国际竞争,振兴民族经济。

二、企业形象塑造

(一) 企业形象塑造的程序

1. 企业形象调研

企业形象调研是指企业全面了解社会公众对本企业的已有行动和政策的意见、态度,以及本企业在社会公众心目中的地位及实际评价。其目的在于把握社会公众对企业的真实态度以及在社会公众心目中的实际形象,以便有的放矢地进行塑造企业形象的工作。企业形象调研的方法有文献分析法、公众访谈法、实地观察法、问卷调查法、通信调查法和追踪调查法。

在信息调查的基础上,要进行信息研究和分析。企业形象分析可遵循三个具体步骤:①汇总、识别、整理信息;②确定组织形象存在和面临的问题;③排列问题等级,以确定形象塑造的主攻方向或突破口。

2. 企业形象定位

企业形象定位就是确定企业在公众心目中应有的特殊形象和位置。这是根据企业自身的特点、同类企业的特点、目标公众的特点三个要素来确定的。

3. 企业形象创意

企业形象创意是指对企业形象塑造过程中的意境创造和策划的过程。企业形象创意是企业形象塑造的重要环节，尤其是企业的动态形象显示，创意的成功与否，是决定企业形象是否具有时代特点和蓬勃生机，是否具有感染力和形象力的关键问题。企业形象创意的总体要求是：企业形象的时代感；企业形象的新颖感；企业形象的动态感。

4. 企业形象实践

(1) 企业形象传播

传播是企业形象实践的第一项工作。作为一个形象塑造过程，传播就是传播者运用一定的传播媒介与传播对象相互作用的过程，即企业形象主体和客体相互作用的过程。企业形象实践是企业形象塑造的实际贯彻、执行阶段。因此，传播的目的就是将企业形象信息传递给社会公众，使企业形象深深地植入公众心目中。企业形象传播的常见形式有：充分利用大众传媒；充分利用宣传性传媒；精心组织公共关系活动。

(2) 企业形象沟通

沟通是企业形象实践的第二项工作。作为形象塑造过程，沟通就是通过语言、文字或社交方式的交互作用，引起公众的思想和情感变化，传递深层的企业形象信息，使其接受和认可企业形象的过程。沟通是企业形象实践的纵深发展，是人际传播媒介的生动运用，是企业形象实践的重要环节。企业形象沟通应科学地选择沟通媒介，合理地制定传播内容，正确地应用沟通技巧。

5. 企业形象检测

企业形象检测有两层含义：①当企业形象在实践中受到严重损害时，运用科学手段检讨、分析、测定企业形象受损的原因、程序，并提出相应的挽救形象的措施；②对已经确立或初步确立的企业形象运用科学手段进行检查、检验、评估，从中看到企业形象塑造的效果，找到企业形象塑造存在的问题，确定完善企业形象的进一步目标。

企业形象检测的途径主要有：①根据大众传播媒介的传播情况检测；②利用企业形象广告效果检测；③综合企业内部的积累资料检测；④综合企业外部的反馈资料检测。

6. 企业形象调整

企业形象调整是根据企业形象检测的结果，通过科学的手段和方法，对企业形象所做的进一步加工、修正、完善。企业形象调整的目的是改正不利形象，强化特殊形象，建立有效形象，实现理想形象。

企业形象调整大致包括对企业形象塑造目标的调整、对企业形象定位的调整、对企业形象实施与传播沟通过程的调整。

（二）企业形象塑造的主要内容

1. 企业精神形象的塑造

企业的精神形象是指作为观念形态的企业精神、经营理念、道德规范、经营宗旨和企业价值观等在社会公众和消费者心目中的一种客观性反映以及所形成的社会综合性评价。企业的精神形象直接影响到企业对外的经营和服务姿态，不同的精神形象便会产生不同的经营和服务姿态，便会给人不同的印象。企业精神形象对企业经营活动形成指导和导向，它是企业形象的核心，没有这个核心，企业必将涣散，人心不齐，行为不一致，从而对企业形象产生不良的影响。所以，企业精神形象的塑造应本着独特性、时代性、民族性和科学性的原则加以实施，同时，在知识经济条件下，企业精神形象更应包括服务社会、以人为本、不断创新、讲究信誉、明确使命、服务先导等富有时代特色的企业价值观。

2. 企业制度行为形象的塑造

企业的制度行为形象是企业的组织制度、管理行为、技术水平和服务水平等在社会公众和消费者心目中的一种客观性反映以及所形成的社会综合性评价。企业的制度行为形象是企业的精神形象在制度行为层领域的具体展示和表现，是整体企业形象塑造成功与否的关键环节，通过制度行为形象的塑造，不仅可以促进企业组织管理制度的进一步完善和规范，更重要的是可以推动企业中最有活力的部分——人的素质的进一步提高，从而使企业员工成为企业形象的自觉的塑造者、传播者和代表者。因此，为适应现代管理发展的要求，制度行为形象的塑造一方面应体现企业组织管理制度的科学性和文化管理的特色，另一方面更应将"一切以用户为中心"的企业价值观贯彻于员工的具体行为中去，想用户所想，急用户所急，一个良好的企业形象就会在不知不觉中在社会公众和消费者心目中树立起来。

3. 企业物质形象的塑造

企业的物质形象是指企业的建筑物、设备配置、产品包装、企业标志及各种代表企业形象的物质形态等在社会公众和心目中的一种客观性反映以及所形成的社会综合性评价。企业的物质形象是企业实力、技术能力、文化魅力、经营风格和企业商誉的最佳表征，它不仅表达了企业价值观的取向，而且代表了一个企业的历史、风格、追求和向往，是企业形象高度综合性和概括性的表现，企业物质形象是社会公众和消费者判断和评价企业形象优劣最重要的标尺之一，在一定意义上讲，企业物质形象标志着一个企业市场竞争能力的高低。在企业形象的塑造过程中，企业物质形象的塑造是企业投入时间、精力和财力最多的，为此，对企业物质形象的塑造，不仅要在维持企业正常运转的建筑物、设备和产品包装等方面做到"精雕细刻"，使其符合既实用美观的标准又反映企业特色和现代性的特征，而且更要在企业标志以及各种代表企业形象的其他物质形态等方面做到"精心点缀"，使企业物质形象成为企业形象最具传播力和感染力的表现形式，抓住与社会公众和消费者每一次"目光捕捉"的机会，产生"一见钟情"的视觉效果，力求给社会公众和消费者以最佳的"第一印象"，同时还应具有直观性、寓意性、表达性、传播性、时代性、独特性、新颖性和民族性等特点。

（三）塑造良好企业形象的途径

优良的企业形象是企业的无价之宝，是企业宝贵的战略资源。企业形象塑造的成败，直接影响企业经营的成败。一方面，企业形象是由企业行为决定的，企业是自身形象的塑造者；另一方面，企业形象来自内部和外部的客观评价，企业成员和社会公众是企业形象的鉴赏者。因此，企业形象的塑造也应从这两方面下功夫。现代企业的特点决定了企业形象的塑造是一项多环节、全方位、全员性的长期、艰巨的系统工程。实施这一工程，宜从以下五个方面抓起。

一要讲究外显形象的设计和完善。它主要包括标志（徽标、商标）、建筑、道路、环境、企业成员着装、信息传输（样本、名片、广告、信笺）等设计。这类设计既要追求图案、符号的简明性和意义表达的深刻性，体现出本企业的特点，又要强化视觉传达的效果和宣传效果，追求新颖的造型、划一的格调、鲜明的色彩，集易识别与美感于一体。

二要注重企业形象的内在精神方面的塑造。一方面，企业要确立取向积极的价值观，培育出杰出的企业精神，并形成与企业共有价值观和企业精神相一致的行为方式，为塑造独具魅力的企业形象奠定基础；另一方面，企业要以人为本，建设一个良好的企业文化氛围，用优秀的企业文化来凝聚、规范、激励职工，通过提高人的形象来提高企业的形象。内在精神方面的塑造是对企业形象的根本塑造，也是保持和发展优良外显形象的保证。

三要立足企业综合实力形象的增强。企业的产品质量、技术装备、资金资产、经济效益等物资要素构成了企业的综合实力形象，与企业的外显形象和内在精神形象相互匹配、相得益彰。综合实力形象是企业形象的基石，也是增强市场竞争力的必备条件。

四要加强与社会公众的沟通。社会公众是在与企业的沟通中获得信息、了解企业，从而形成他们心目中的企业形象的。如果一个企业默默无闻，社会公众毫不知晓，优良的企业形象就难以确立。企业要获得优良的企业形象，必须加强与社会公众的沟通。这种沟通主要有赖于公共关系工作的展开，如新闻宣传、记者招待会、联谊会、广告、接待工作、制作宣传资料、公益活动、参与赞助捐助等。

五要突出自身特色企业形象的塑造。在众多企业都着力塑造自身企业形象的今天，一个值得注意的问题就是要突出本企业形象的特色，要有个性、特性，要吸引人。只有这样，才能给社会公众留下深刻的印象。否则，就难以塑造突出的企业形象，也难以产生企业形象所具有的独特效应。

塑造企业形象是企业战略管理的一项系统工程。塑造良好企业形象的过程实际上就是企业整体素质优化的过程，只有把企业各个方面、各个环节的具体形象塑造好，才能从整体上优化企业形象。

第一，树立良好的经营道德。经营道德是企业在处理内外关系时的基本行为规范，是企业在生产经营过程中所表现出的对消费者和社会公众的基本态度，体现着一个企业的经营基本道德水平。例如，企业在市场上严守诚信无欺、买卖公平的原则，就体现出其良好的道德水准，由此能赢得人们的赞誉；相反，若企业坚持唯利是图的经营原则，就为社会主义经营道德所不容，企业也会由此失去信誉。

根据近年来我国一些企业的实践活动，要维护企业信誉形象，需要树立四个经营观念，即质量观念、全局观念、信用观念、遵法观念。

第二，树立良好的企业信誉。企业信誉是企业的生命，是企业的灵魂，是开拓和占领市场的重要资本，是提高竞争力的有效手段。因为消费者不仅仅是看货买货，而且是看牌买货，哪种品牌的信誉好，产品就畅销。企业形象的好与坏，首要的是它能否赢得公众与消费者的信赖。在现代市场经济条件下，信誉被作为占领市场的重要资本，成为企业形象竞争有力的手段。因此可以看出，只有抓好企业信誉，才能使企业树立起值得信赖的良好形象，从而争取客户，扩大市场。

良好的企业信誉不是企业一出现就有的，它是在企业生产经营活动过程中逐步建立起来的。树立企业良好信誉的工作必须贯穿于企业行为活动的全过程。从企业现代化管理要求和企业实践来看，建立良好的企业信誉是十分重要的。

第三，培育良好的企业精神。塑造良好的企业形象最根本的就在于培育企业精神。企业内部团结、和谐、融洽、宽松的环境气氛和催人奋发的群体形象是发扬企业团队精神、增强企业内驱力、塑造企业良好形象的恒定持久的动力源泉。

第四，提供优质服务。现代企业重视服务的目的，绝不仅仅局限于促销产品，而更多的是着眼于塑造良好的企业形象。国外许多著名公司认为，来自优质服务的声誉，其作用并不亚于产品本身的技术和质量。因此，它们重视服务的程度往往超过对开发技术和降低成本的关注程度。

第五，充分运用各种公关手段，扩大企业的社会影响。企业信誉是以优质产品和服务以及良好的经营道德为基础的，同时也离不开企业与外部的主动联系。要使社会公众对企业产生信任感，企业还必须利用媒介等各种公共手段去影响公众，通过与公众和消费者建立良好的情感为企业树立良好形象。同时，随着社会公众与企业的感情的加深，也可以消除公众对企业的一些错觉和偏见。更重要的是，企业通过有效的公共手段，还能了解社会公众与消费者对企业的要求和希望，从而及时调整自身形象，扩大市场。

第八章 数字化管理

第一节 数字化的内涵与作用

一、数字化的含义

所谓数字化，就是在国民经济部门和社会活动各领域采用现代信息技术，充分、有效地开发和利用各种信息资源，使社会各单位和全体公众都能在任何时间、任何地点，通过各种媒体享用和相互传递所需要的任何信息，以提高工作效率，促进现代化的发展，提高人民生活质量，增强综合国力和国际竞争力。简单地说，数字化就是指信息在经济活动中广泛被采用的过程，在技术层次上体现为信息技术的推广和使用，在知识层次上体现为信息资源的开发和利用，在产业层次上体现为信息产业的增长。经过几代人的传承，"数字化"这个词已经在全球范围内被广泛使用，也得到了人们的赞同，可以说"数字化"是一个代表全球化、具有鲜明时代特色的象征。一方面，数字化在一定层面上代表了这个时代的生产力，因为数字化意味着有新的技术和更加便捷的生产工具的出现，生产力因此而得到提高；另一方面，数字化还会导致生产关系的变革，数字化下新思想、新技术、新设备的出现，必然要求对原有的组织流程和管理方式进行改变，促使其进入一个更加理想的发展轨道。

数字化是人类社会发展阶段中一个更高级的阶段，数字化与人们的生活和工作息息相关，为我们创造了一个数字世界、虚拟世界，不管是文字、数据、图片、视频、语音等都可以在这个虚拟世界中发挥巨大的作用，我们既可以将现实社会映射到虚拟世界，又可以将虚拟世界经过加工、整合转换为现实社会，两者互为交换，相互补充。其实，数字化有很多分类，按照数字化所牵扯到的领域可以分为宏观数字化和微观数字化。宏观数字化包括国家数字化，是指国家在工业、农业、国防等各个方面的数字化建设；产业数字化是指在制造业、金融业等现行主要行业的数字化；社会数字化是指在教育、医疗、文化等方面的数字化。微观数字化就是我们接下来所要研究的企业数字化，这里所讲的数字化主要就是指企业数字化，研究的问题是企业数字化与管理之间的关系。

企业数字化还没有一个公认的定义，有观点认为企业数字化是企业运用信息技术和先进管理方法对企业产品进行再设计，对产品生命周期进行优化，包括对产品需求和市场结构的分析、品牌的策划、产品的细分、研发等，以使企业对市场的适应性和把握性更强，并最终赢得市场。我们认为这种观点不够全面，企业数字化不应该只关注产品，企业数字化应该是以最先进的理论为指导，在企业的生产、经营、管理中综合运用现代化信息技术，最大限度地把企业内外的各种资源调动起来，提高企业的生产、提升企业的经营能力、变革管理，促进企业的组织重构、业务重组，实现企业的数字化运营，获得更高的经济效益和核心竞争力。企业数字化具有以下特点。

第一，数字化是以管理为基础的，而不是以信息科学技术为根本，通常所说的网络技术、高科技等都是实现数字化的手段，组织的领导者应该区别开什么是本什么是末，让数字化更好地促进管理。

第二，数字化所包含的内容是不断变化更新的，因此数字化对管理的作用也是随时改变的，管理思想和管理方式要随数字化的更新而更新。

第三，数字化在管理中的一个最重要的作用就是实现信息的共享，通过数字化独有的特点把组织所需要的信息准确无误地传送到领导者手中，领导者再对传送来的信息进行分析和整合，为组织做出正确的决策。

第四，数字化建设是一项全面、系统的工程，牵扯到管理的各个方面，无论是计划、组织、领导、控制等都会涉及，而且包括组织战略、财务、客户关系等方面，领导者要综合协调各个方面，实现组织内外有机的结合。

数字化与管理各方面结合，主要表现为几种典型的形式。

第一，数据数字化，组织不仅可以把组织内部的经营数据、盈利水平、费用控制以及人事资料、规章制度等信息输入计算机，还可以把市场调查、产品定位分析、竞争对手预测、供应商信息等企业与外部的联系状况存入计算机，实现数据的网络化和云存储。

第二，生产过程数字化，是指把先进的信息技术应用到企业的生产制造过程中，用智能化、自动化控制生产系统，解脱以往主要靠人来操控的系统，这样不仅能提高生产效率，而且产品的标准化和质量也提高了。

第三，设计数字化，主要是指对产品和组织流程的设计，如现在比较普遍使用的计算机辅助设计系统，实现了产品网络化虚拟设计，既节省了成本又可提高设计的质量。

第四，市场经营数字化，数字化时代打破了传统的企业经营地域性的限制，特别是电子商务的兴起，企业可以通过网络平台与世界各地的商家合作，拉近了企业与客户的距离，企业可以通过客户的反馈及时对经营方式和产品等做出调整。

第五，管理数字化，这是一个向管理要效率的时代，那么管理除了要以先进的理论为指导外，必须实现数字化，从根本上解决效率问题，如组织可以应用辅助决策系统、企业资源计划系统以及供应链管理系统等，提高决策水平，真正实现从管理中提高效率。

二、数字化的作用和影响

（一）数字化环境的形成

数字化的发展，尤其是网络的发展，使人与人之间变得越来越近，世界变得越来越小。同时，企业所面临的竞争也在无形中被变大，大多数企业已经接受了数字化时代的竞争，投入数字化建设当中，这也促进了数字化环境的形成。他们已经认识到自己所处的不仅是经济环境，而且是数字化环境与经济环境相结合的统一体。

（二）行业竞争结构的变化

数字化既给企业带来机遇也带来挑战，机遇是企业可以利用数字化增大自身的竞争力，挑战是在数字化下对于以上几个因素的作用力无疑被增加了。信息的传递和共享，使各个行业的整体透明性越来越高，竞争者与潜在进入者都对市场有了更深的把握，随时根据市场和对手的变化采取应对措施，很多企业面临被淘汰的危险。另外，客户和供应商也在随时观测整个行业的动向，信息传递越来越对称，增大了他们讨价还价的能力，企业由利润主导逐渐转向顾客主导的经营方式。

（三）外部需求行为的改变

数字化已经是大势所趋，网络已经走进寻常百姓家。电子商务的兴起不仅给企业带来新的发展机会，也极大地方便了人们的生活，网络已经不再是年轻人独有的标签，已经成为大多数人生活的必需品，他们已从传统的消费方式转变到网络消费方式，需求行为发生了很大改变。

（四）组织间合作方式的改变

数字化为组织合作开辟了新的渠道，组织间的交往不再只是靠签订合同，线下沟通洽谈，通过线上广泛的信息流，组织更容易找到自己合适的合作对象，以虚拟组织的方式存在，既简化了流程、缩短了交易的时间，又可以更快地把自己的价值链延伸到其他合作组织当中。

第二节　数字化企业内部管理

一、数字化与管理决策

（一）现代管理决策面临的挑战

1. 决策要求的质量更高

传统的决策质量相对比较低，决策的方式也比较粗放，不管是对决策前的市场调查还是决策时的数据分析都相对比较模糊，不够具体，方向也不是很明确。数字化下各个组织和企业对市场的行情和自己产品的定位都有了更深层次的了解，那么必然对起着至关重要作用的决策提出了更高的要求，决策不应该只是管理者自己的事情，而应该集聚所有组织人员的智慧，改变以往以组织经济利益为前提的决策标准，更多地考虑长远战略，建立起以品牌为中心、以客户为主导的决策标准，努力提高决策的质量。

2. 决策涉及的因素更多

决策本身就是一个涉及多方面因素的行为，如去商场买一台电冰箱，在买之前你先要去不同的商家询问，要考虑这几个商家的位置是否方便运输，然后要考虑电冰箱的价格高低、是否省电、容量大小、制冷能力、售后服务等，还要向自己的亲朋好友咨询建议，最终综合各方面因素决定是否要买。在数字化下，这个小例子当中要考虑的因素可能还有电冰箱是否能自动控温、开关门能否感应开灯、能否遥控等，充分说明了数字化导致决策要考虑的因素增多。对一个组织来说更是如此，数字化下资源更加丰富、信息更加复杂，做出一项正确的决策要参考众多的因素。

3. 决策速度的要求更快

现在的社会已经不是"大鱼吃小鱼"的时代，而是"快鱼吃慢鱼"的时代，一个决策缓慢、行动迟缓的组织早晚是要被市场淘汰的。而面对筛选出来的众多可能性方案，又要经过漫长的验证和预测才能确定最后采取哪一种，即使这样能得到最佳的方案，但是等到实施时可能外界情况又发生变化了或者别人早就抢先自己一步赢得了市场，这样的决策是没有用处的，组织事事落后于别人，缺乏自己的判断力。所以在保证质量的前提下，迅速做出决策是关键。

4. 决策失误的代价更大

现代管理的各个职能之间已经形成了有机的结合，计划方案的制订往往和组织流程的安排同时进行，企业当中的采购、生产、销售、服务变得越来越密切，某一环节出现问题会带来连锁反应，迅速波及其他环节。而且由于各方面执行的速度都很快，一旦决策命令下达之后，整个组织马上就运作起来了，如果这个时候发现决策失误，那么修正决策就意味着改变整个组织的行为，所造成的损失可能是以前的几倍，所以决策失误所带来的代价是非常大的。

（二）数字化对管理决策的影响

1. 数字化对管理决策的预测导向作用

数字化对管理的预测导向作用主要体现为电子计算机能汇聚大量的信息，通过对这些信息进行有针对性的筛选、整理、综合，找出那些对企业做出决策有帮助的信息，在进行决策时通过综合筛选的信息对决策的结果进行预测，提前预知达到的目标是否符合既定的要求，在决策中遇到难以抉择的问题时，还可以把信息转换为数字、图表等直观性的内容，可以对决策起到引导和促进的作用，尽量做到胸中有数，避免盲目性和主观性造成决策失误。

2. 数字化对管理决策的验证改进作用

组织不可能一开始就能做出所有的决策，也不可能保证所有的决策都是正确无误的，那么就需要在组织运行中随时检查决策的正确性，确保组织按照最初的意愿运行。数字化所带来的庞大信息群，不仅可以持续不断地收集、监测市场和组织运行的情况，还可以快速准确地将信息反馈给组织，为组织提供许多有指导意义和参考价值的信息，决策者通过将这些反馈信息与之前预测的情况进行对比来验证当初的决策是否正确，对决策中存在的问题和模糊的地方进行改进，完善管理决策，然后再实施改进后的决策，投入下一轮的验证、改进当中，这是在数字化背景下对管理决策质量的重大提升。

3. 数字化对管理决策的稳定、连续作用

数字化时代相对于传统时代来说在提供信息方面更加完整、全面，一般不会因为信息的缺失而导致决策的不稳定性。虽然数字化导致管理决策所考虑的因素变多，但是同样也使做出的决策更具有针对性，这样的决策一经做出，就会转入对决策的信息跟踪阶段，特别是对影响决策的关键因素，通过及时的反馈，避免组织运行出现大的动荡，确保管理决策的稳定性和长期连续性。

4. 数字化使管理决策成本低、效率高

数据和信息在企业的发展中起到越来越重要的作用，数字化时代、大数据时代的到来使企业能把足够多有用的信息和数据保存起来，对它们进行归纳整理、分门别类地存储，而且强大的搜索功能能迅速精确地找到所需要的信息，为做出管理决策节省了大量的人力成本、时间成本。同时，对一些程序化决策，通过计算机程序的运行可以完美实现，减少了决策者在一些不必要的事情上分散精力、浪费时间，还可以提高决策的效率，这样决策者就可以集中精力应对更多的不确定性决策。另外，决策的方式更加民主，因为数字化下组织成员的眼界更加开阔，可以为组织提供众多有价值的信息供决策者参考，在一定程度上提高了员工的参与度，也提高了决策的效率。

综合来说，数字化使管理决策可供选择的方案增多，检查评价和反馈处理的效果也更加明显；决策的过程更加科学化和客观性，可执行性也更强；数字化下的决策更多的是群体决策、理性决策、非程序化决策、非确定型决策以及满意化决策。决策更多地借助于决策支持系统的帮助来实现，所谓决策支持系统是建立在数据库信息流上的智能决策系统。它可以给决策者提供所需要的信息、数据、资料，协助决策者发现并界定问题以确定组织的目标，同时帮助拟订备选方案，按照决策者的要求进行智能筛选、判断，计算出每种方案所需的各种成本以及可能达到的效果，最后确定方案。在决策实施之后进入信息跟踪反馈阶段，通过人机对话的沟通检验决策者的假设和要求是否正确，从而实现支持决策的目的。可以说数字化不仅使决策的质量和效率提高，而且提高了决策的艺术性。

二、数字化与组织管理

（一）数字化对组织环境的影响

组织是一个开放的系统，要想完成组织目标，组织就需要与组织环境进行信息和物质的交换，没有一个组织是完全封闭的，也没有一个组织是不受环境影响的。一个能快速适应环境、对环境变化能及时做出反应的组织必然是一个成功的组织，然而面对复杂多变的环境，组织也不是无能为力的，至少组织可以通过特定的条件加快与组织环境的联系，提升它们之间的信息和物质交换的速度，而数字化就是其中一种特定的条件。一方面，随着现代科技的高速发展和信息传播的加快，使行业内的进入壁垒越来越少，一旦出现利润较高的行业，就会迅速招来进入者，而且他们借助信息科学技术能迅速追赶上现有者，抢占一定的市场份额。再加上先进技术的应用，特别是计算机辅助设计系统、计算机集成制造系统、全能制造、全球制造等技术的引入，企业可以轻松地模仿竞争对手的产品，还能增

加新功能，这导致替代品层出不穷，使企业所处的环境更加复杂。随着数字化的发展，顾客对各种产品的了解更加深入，不断出新的产品也使顾客眼花缭乱，他们在挑选产品时不仅提出了更高要求而且个性化的需求越来越多，对同类产品的对比和判断致使他们议价的能力不断提高。另一方面，供应商的议价能力在逐渐下降，这是因为数字化带来的低转换成本使企业可以在可控成本之内任意挑选供应商，减少了对他们的依赖，同时，市场上专业化的生产越来越多，供应商之间竞争严重，使他们的竞争能力降低了。

数字化使各方面的信息更加透明，信息的不对称性越来越小，这在一定程度上增加了组织环境的复杂性和不稳定性。企业应该充分利用数字化带来的有利一面，加强与其他企业和客户之间的信息共享，提高自己与组织环境的交换能力，以谋求相对稳定的组织环境。

（二）数字化对组织战略的影响

数字化的发展不仅影响了组织所处的环境，而且影响的范围已经扩展到组织战略的制定。一方面，组织良好战略的制定是数字化得以顺利展开的前提条件，没有战略方面的支持数字化得不到快速发展。另一方面，数字化已经成为组织战略制定的有力工具，没有数字化的帮助，组织很难制定出正确的战略。

早期数字化的应用主要是日常的业务处理、数据分析、存储资料等，随着不断的发展，这已经远远达不到组织对数字化的要求了。企业已经进入知识管理阶段，数字化也走进组织战略制定的层面。组织战略的制定要综合各种因素，透彻地分析组织外部的机会、威胁与组织自身的优势、劣势，充分掌握必要的信息，以减少战略制定过程中的不确定性，数字化是减少这种不确定性的主要手段。数字化对战略的影响按照战略分类的不同表现在两个方面。第一，是对一般战略的影响，纵向一体化战略和相关多元化战略是两种经常使用的战略。纵向一体化战略是指企业在原有生产的基础上向上游原料供应扩展与向下游销售服务扩展的战略，相关多元化战略是指企业进入与现在的业务相关联的行业能共用生产资料和设备等，以谋求更多的利润。然而这两种战略的实施给管理带来了极大困难。数字化的实施解决了这个难题，它带来的扁平化组织能加大管理幅度，减少管理层级，将组织冗杂的机构去掉，不专业的工作外包，促进了一体化战略的实施，而相关多元化战略则更多地转变为集中化战略。第二，是对竞争战略的影响，主要表现在对成本领先战略和差异化战略的作用方面。成本领先战略的核心就是以低于竞争对手的成本来抢占竞争优势，数字化对成本的影响主要是先进技术的应用带来的高效率以及为避免企业收集资料而浪费的时间成本、管理成本等，从采购到销售一系列的自动化，为成本领先战略的实施奠定了基础。差异化战略是数字化的必然结果，数字化下的竞争更加激烈，企业可以反过来应用数字化，实现市场的精确细分、产品附加功能的设计、个性化产品等。

（三）数字化对组织规模的影响

数字化对组织规模的影响可以从对实体组织规模和虚拟组织规模两方面来分析。在传统的实体组织规模中，一方面，企业会因为组织规模的扩大而实现规模经济，企业的产出和利润随着生产要素投入的递增而增加，企业的成本随着投入要素的递增而减少。但是产出的增长并不是无限的，达到一定平衡点之后再投入生产要素就会形成规模不经济，成本逐渐上升。另一方面，组织规模变大之后，组织应对环境变化的能力急剧降低，可能会因为新产品的更新换代而浪费原有的设备、技术等，这大大增加了企业承担成本的风险。在数字化的环境下，这些问题得到了不同程度的解决。随着高科技在企业的应用，企业的生产设备、制造设备等都采用柔性技术，控制操作采用可安装的程序执行，缓解了企业因规模扩大而承担成本的压力。从组织内部运行来看，数字化采用的网络以及科技手段使组织内的协调和沟通更加便利，生产和服务更加规范，成本也相应降低。但是数字化所面临的环境多变，竞争加剧，企业规模的大小还要综合考虑转换成本、外部交易费用、管理费用等。虚拟组织是伴随数字化而来的，是实体组织的延续。虚拟组织有两个含义：一是形式上的虚拟，是指企业员工打破了空间地域的限制，利用互联网来沟通合作，为组织工作，他们可能分布在不同地域，但是都有一个共同的组织目标。数字化能促使这种虚拟组织规模不断变大。二是内容上的虚拟，是指多家相互独立的企业之间通过信息技术联系起来的临时性组织，他们之间相互信任、合作，发挥自己的核心优势，共享技术、信息，分摊成本，共同研发产品并推向市场。一旦项目完成，该组织就自然解体，这样的虚拟组织可能比实体组织大几倍，他们形成的战略联盟实现了资源的最佳配置，使每个企业都能提高竞争力。

（四）数字化对组织结构的影响

数字化对组织结构的影响是多方面的，可以从数字化对组织环境、组织战略、组织规模三个方面的影响探讨对组织结构造成的变化。一方面，数字化使组织环境变得更加复杂，面临的不确定性增多，组织要想提高自己的反应速度和应变能力，就必须增加组织结构的柔性，使之能适应不同的状况。另一方面，数字化带来整合性和共享性，改变了以往部门之间的合作方式，组织结构更加趋向于一种扁平化、网络化的发展方向，极大地减少了一些没有必要的部门和职位，使组织的反应速度得到很大提高。组织战略的正确制定需要准确、快速的信息支持，而扁平化组织对信息的保真性更好，组织自然就会减少一些机构和部门，以求获得更加准确的信息。但是，扁平化组织的工作效率和信息传输速度没有高耸型组织结构快，随着数字化水平的提高，逐步走向网络型组织结构，具有多个信息传输中心，既提高了信息传输的准确性又提高了传输速度。数字化导致的组织规模的扩大，必然会导致组织结构权利的重新划分，数字化下管理幅度增大，信息流动速度也加快，就要求赋予下级管理者更多的职权，降低上级对组织的控制，以往那种直线制、职能制的组织结构已经不能应对复杂的工作了。

数字化下组织结构的重组、再造对组织的发展起到至关重要的作用。比如，数字化所带来的业务流程重组，它可以利用数字化减少或替代流程中的人力，将流程双方直接联系起来，减少中间过程，能快速地跨地区传输和分享信息，密切监控流程的状态、输入和输出，随时精简不必要的环节和机构，将非结构化的流程转变为结构化流程，实现内外部资源的有效整合。

三、数字化与人力资源管理

（一）数字化对绩效管理的影响

一般来说，人力资源管理中最困难的就是对绩效的考核。一方面，绩效考核所涉及的因素非常多，对一些细节和规则的制定非常烦琐，既要考虑组织的实际情况，又要参考组织成员的个人状况，有哪一条没有涉及或者设计得不合理都会导致考核的不完整，引起员工的不满。另一方面，绩效考核主要是对人的考核，每个人都十分关注，对自己的考核结果非常敏感，常常根据自己的主观判断与组织做出的评判进行比较，稍有不合意就会引来怨言。而通过数字化建设，特别是建立绩效管理子系统，可以显著提高绩效考核的可信性和正确性。在该系统中应该包含所有绩效管理的内容、详细的绩效考核细则和参数标准、员工任务记录、绩效考核评估等。比如企业常用的平衡计分卡，它是将传统的财务评价与非财务的经营性评价综合起来考核，以企业经营成功的关键因素为标准，建立的一种包含财务绩效、顾客服务、内部业务流程、组织学习和成长能力的考核方法。在没有数字化的时候，要想搜集到这些信息并做出正确的分析是非常困难的，但是应用数字化，只需让各个部门把该类信息上传到绩效管理子系统当中，系统按照设定好的程序对数据进行分析，按照不同的权重进行自动化加权计算得到每个人的绩效考核结果。每个人可以用自己的账号登录内部网络查看自己的评价结果，针对不同方面进行相应改进。数字化使考核更加公平、公正，既能节省时间又能提高员工满意度。

（二）数字化对薪酬管理的影响

经过合理的绩效考核之后，薪酬管理便有了评判的基础和标准，通过将绩效考核得出的结果输入薪酬计算公式中，系统便能快速得出员工在绩效中该得的报酬，相比以前人工计算的方式，既节省了时间又保证了准确性。同时数字化带给薪酬管理的不仅是绩效结果的便利性，也非常容易地就实现了薪酬管理的多样化。现在企业中的薪酬应该力求多样化、丰富化，可以充分利用数字化设定薪酬预测公式、员工福利测算模块等，让员工参与到自己薪酬的管理中，如企业可以设定多种福利，员工根据自己现在的需求情况合理选择自己的福利，制订自己在一定时期内的薪酬计划。按照传统做法，人力资源部门的工作量是非常大的，很难实现，但是通过数字化，员工可通过薪酬管理子系统设定好的项目进行选取。

（三）数字化对组织培训的影响

数字化对组织培训的影响主要体现在培训的方式和培训的内容上。计算机和网络的发展使人们之间的沟通方式发生了极大变化，网络社交、媒体教学、在线授课等培训方式比比皆是，极大地方便了员工的学习和培训。企业可以摆脱以往开会式的培训方式，利用网上视频教学和在线培训的方式开展培训，不仅使培训更加有趣，容易被人们接受，而且不再受地域的限制，给了员工很大的自由空间和思维想象空间。在培训的内容上，企业不仅可以把自己的企业文化、理念、经营方式以计算机虚拟的形式表现出来，还可以参考同行业不同企业的优秀文化，给员工全方面的了解，提高他们的应变能力。企业可以利用数字化建立培训资源管理，包括培训的图书、视频、音像，每次培训的主题、内容以及培训的讲师和培训考核题库等，这样既可以有利于员工查询资料，也为组织节省了培训费用。同时，新员工入职培训的时候，可以参考这些信息，为新的培训奠定基础。

数字化的人力资源管理应该通过一定的技术手段帮助员工制定他们个性化的职业发展规划，企业可以预先设定职业发展预测系统，从招聘员工开始就帮助他们规划。在招聘阶段，企业不能只是为了招人而招人，而是要招到合适的人，运用网络，加大企业的文化和理念宣传，增加网络笔试的步骤，可以是技能方面的考试也可以是素质方面的考试，这样既可以省掉以后的部分培训也可以筛选出合适的人。在工作中，员工要定时在系统里输入工作感受和满意度，企业要根据这些变化来合理安排他们的职位，减少令员工不满意的因素。这样员工一步步认识自己，最终制订出自己的职业发展计划，提高工作激情和满意度。

四、数字化与企业文化

(一) 数字化对企业物质文化的影响

所谓企业物质文化主要是指企业生产制造、产品设计、管理沟通等所使用的设备和设施，它是一个企业最表层的文化，也是相对来说最容易变革的文化。企业数字化的实施首先作用的就是物质文化。第一，数字化的建设必然会更换企业除旧的设备，如一些主要靠人工控制的生产设备和产品开发工具等，以网络和软件程序为主的设备成为主流。第二，通过数字化设备，企业之间的沟通不再局限于面对面的形式，即时通信工具、远程视频、在线指导等工具的应用丰富了企业沟通的渠道。另外，网络技术的发展，促使许多企业转向电子商务以及手机移动端的服务，为企业带来了新的营销渠道和利润增长点。第三，企业通过计算机和网络技术可以随时监测市场和顾客的变化，应用各种预测软件数据作为参考，及时对变化情况做出反应，在必要的时候还可以和其他企业形成虚拟组织。第四，实施数字化的企业在基础设施上进行了革新，那么必然要求企业中具有应用这些设备的优秀人才。数字化加强了内部组织人员学习新知识的能力和应变能力，促进了他们自我上进、自我发展。

(二) 数字化对企业行为文化的变革

企业的行为文化是企业组织人员各种行为所形成的文化，不是指一个组织成员的个别行为，而是组织之内一种共同的行为，其他个别不同的行为也会因为这种共同的行为习惯而受到不同程度的影响。这种行为习惯主要包括日常行为和工作行为两方面。数字化使员工的日常行为发生了很大变化，他们可以利用互联网聊天娱乐，增加员工之间互动的机会，邀请志同道合的朋友讨论问题，在下班之后可以上网浏览企业的动态信息和市场行情的变化，可以关注各大新闻媒体的报道，及时了解行业内外以及国家政策发生的变化等，利用数字化，员工既能娱乐又能学习到有用的东西。当企业推行新技术或者新模式时，企业内员工的工作方式、工作行为便要相应地做出调整和改变。数字化的建设是一项系统和全面的工程，每个人都要认真对待，及时转变自己的思考方式和行为习惯，推动数字化的建设。比如，企业推行实施企业资源计划系统，这与传统企业经营方式是完全不同的，企业的人力资源管理、采购、库存管理、生产计划、财务管理等都需要由计算机来操控，只有很少的人工进行参与，员工不得不改变以前熟悉的工作行为，由原来工作的随意性、主观性过渡到数字化环境下的规范性、科学性，开始学习新的工作方法。

（三）数字化对企业制度文化的变革

企业制度文化包含三个方面，即企业组织机构、企业领导体制、企业管理制度。企业组织机构的设定是达成组织目标完成组织任务的保证，没有各个组织机构之间的良好配合与合作，企业是无法正常运行的。传统企业中组织机构的设置一般比较多，导致组织效率的低下。通过数字化，企业的组织机构越来越少，去除了一些功能类似的部门，逐渐向扁平化、网络化发展，加快了组织运行的速度。在处理紧急情况时企业还可以成立基于网络的虚拟组织，减少单设机构的费用和麻烦。企业领导体制是随着组织机构的变化而变化的，数字化下的领导者应该更多的授权给下属，让他们充分利用数字化所带来的便利性和科学性进行工作事务的决策、计划和控制等。企业最下层的员工可能离最高管理者只有两个层级的间隔，增加了他们直接对话的机会。领导者可以利用网络联系组织内的成员，分派任务下达命令。企业管理制度是为了确保企业良好运行所制定的各种规章条例和奖惩措施等。数字化环境下员工的行为方式和思维习惯都发生了变化，企业要重新制定管理制度适应这种变化。管理制度一般是对人的一种行为约束，所以管理者首先要引导组织成员的行为，减少他们对新制度的不适感。

（四）数字化对企业精神文化的变革

企业的精神文化包括的内容非常广泛，如企业价值观、企业精神、企业使命、企业经营理念、企业道德观念等。精神文化是其他三种文化的升华也对它们形成指导，它受文化背景、社会环境的影响比较大，处于企业文化的核心地位。在数字化时代，要想彻底对企业文化实施变革就必须引领精神文化变革，推动其他文化的进一步变革。数字化时代各种新的经营理念相继出现，企业要想不被市场淘汰，就要努力更新自己的经营方式，引进先进的生产技术和设备，形成数字化的经营新理念。企业的价值观也要随之调整，数字化环境下的企业不再是一个只想着营利的组织，而要时刻关注市场和顾客的需求，以满足他们的需求为主，以顾客为主导，以服务社会为目标。企业要打破以往单打独斗的方式，增加与其他企业的合作和交流，在企业内部创造一种学习型组织，实现自我学习、自我赶超。数字化营造了一种奋发向上的精神氛围，加速了企业精神文化的变革。

数字化的实施促进了组织文化的变革，同时组织文化的变革又会反过来加快企业数字化的建设，两者是相互促进的。企业要协调好它们的关系，才能最终促进企业的长久发展。

（五）数字化对组织内部的影响

研究数字化对组织外部的影响是为了更好地实现组织内部的管理，然而数字化对组织内部的影响可能会更加细微、更加广泛。

1. 管理思想的更新

数字化所带来的不仅是技术和生产方式的变化，也改变了人们的思考方式和行为观念。在一个组织当中则主要体现在管理思想的变化，可以想象从以前的工业社会到现在的数字化社会，有过多少管理理念是应运而生的，虽然有些管理理念现在仍然在使用，但是我们要结合数字化社会的特点加以创新和改革，使它们更好地为我们服务，成为行动的指导方针。比如，数字化下所产生的虚拟组织、学习型组织等管理思想都是时代的产物，是以现代计算机和网络的发展为前提的。

2. 组织结构的变革

传统的组织结构随着组织规模的扩大已经不能适应组织的发展，在传统方式下，组织人员增加就要相应地扩充机构，或者因为管理幅度的限制而导致组织层级过多，这些都桎梏了组织的成长。数字化下使传统的等级组织逐步向全员参与、水平组织、模块组织等新型组织方式转变，管理幅度也冲破了传统管理模式的限制，垂直的层级中所存在的众多中间层也可以适当取消，因为上级可以通过数字化下所建立的新型组织直接向下属宣布决策、分派任务，组织向扁平化方向发展。

3. 增强管理功能

运用信息技术进行管理已经成为现代管理的重要途径。通过数字化可以把各种管理职能进行结合，最大限度地发挥出每种职能的作用，促进组织业务的良性重组，而不是把每个职能都孤立开来。通过数字化还可以增强每种职能的作用，在原有功能的基础上进行扩展，如网络营销，不仅包括销售产品，还包括维护品牌、客户反馈、售后服务等方面。

4. 管理方式的改变

管理方式本身就是随外部环境和内部状况的变化而变化的，从来没有一种最佳的领导方式一成不变，最好的领导方式是权变的领导方式，是因情境不同而变化的。管理方式虽然不完全等同于领导方式，但是和领导方式一样，都必须随情境的不同而变化。数字化下的管理方式要更加多变更加具有艺术性，管理者和下属的距离变得越来越近，组织内部的沟通和协调已经不再受地域和时间的限制。

（六）数字化对组织发展的作用

通过以上的分析可以知道，数字化对组织内外的影响都是巨大的，它与管理相融合，使组织具有更强的运营力，提升了组织的竞争力，对组织的发展起到推动作用。

1. 降低企业成本，提高竞争力

数字化与组织各方面的活动相结合，不仅优化了组织的结构，而且显著降低了组织的经济成本。组织运用计算机辅助设计和制造技术可以大大减少在新产品研发和设计上的费用，同时在后续产品更新和换代时，大幅度降低对现有产品进行修改和增添新性能的成本；在生产制造上，新技术下的柔性生产线可以适应多种产品的生产；库存控制的数控化，可以实现最优的存货量，不仅减少了存货量而且降低了管理费用；在组织计划的制订、决策的选择、激励措施、沟通渠道、反馈方式以及人员、财务控制上，采用计算机和网络技术既可以提高质量又能提高效率，降低了管理成本；在组织之间的合作上，通过电子商务可以迅速准确地找到合作伙伴，打破地域上的限制，降低了组织的机会成本和交易成本。组织成本的下降实质上是新技术的广泛应用和对信息的开发、整合所导致的，它将随组织规模的扩大产生管理规模效应，提高组织的持久竞争力。

2. 加快产品和技术创新，提高差异化

由于信息传递的广泛性和快速性，使全球的知识、技术得到跨国别、跨地域的流动，一个国家或者组织研发出了某种新科技、新事物，其他国家或组织可以迅速跟上他们的步伐进行革新创造。在企业层面，因为数字化导致企业与供应商和客户的联系加深，沟通形式的多样化可以更完整、更准确地表达双方的要求，组织与他们建立了高效、快速的联系，从而对市场和消费者动态有了更快、更深的把握。通过将这些动态变化迅速准确地提交给决策者，针对他们的要求及时对产品进行再设计和创新，生产出能满足消费者需求的产品，并且提高产品的差异化特点，防止竞争对手模仿。

3. 提高组织的服务水平

组织的服务水平体现在两个方面：一是为组织内部人员服务的水平；二是为组织外部人员服务的水平。现代管理强调人是一种宝贵的资源而非实现组织目标的工具，把员工看作合作伙伴而非发号施令的对象。那么要想提高组织的服务水平，必须先提高为组织成员服务的水平，只有他们满意了才能提供令别人满意的工作。数字化下使对组织成员的关怀和激励更加多样化，领导者可能仅仅通过一封电子邮件就可以调动起员工的工作激情，一场视频会议也可以给员工很大的自由空间，这些都会令员工感到满意。在为组织外部人员

服务上，传统的面对面方式、电话咨询、服务网点等已经不能满足人们的需求，而互联网的应用使企业可以应用更多的即时通信工具对客户的反馈进行回应，还有电子邮件问询以及网络的自助式在线服务等，都提高了组织的服务水平。

很明显，数字化对组织发展的作用远不止这些，可以说，它将发挥越来越重要的作用，对管理工作的影响也将越来越大，必将成为提升组织竞争力的主要来源。

第三节　数字化企业外部管理

一、数字化与供应链管理

（一）供应链的含义和特征

供应链是围绕核心企业，通过对信息流、物流、资金流的控制，从采购原材料开始，制成中间产品以及最终产品，最后由销售网络把产品送到消费者手中的将供应商、制造商、分销商、零售商直到最终用户连成一个整体的功能网络结构模式。它是一个范围更广的企业结构模式，包含所有加盟的节点企业，从原材料的供应开始，经过供应链中不同企业的制造加工、组装、分销等过程直到最终用户。它不仅是一条连接供应商到用户的物料链、信息链、资金链，而且是一条增值链，物料在供应链上因为加工、包装、运输等过程而增加其价值，给相关企业都带来利益。供应链是从产品的原材料开始到制成品销售完毕结束，其间要经过供应商、生产商、销售商等多个过程，每一个过程当中的企业都是一个节点，正是这些节点导致了供应链的鲜明特征。

1. 复杂性

供应链所涉及的不是一个企业，它是由不同行业、不同种类的企业构成的，从这种构成方式上就能显现出供应链的复杂性，另外，构成元素的多样性必然会带来管理的难度，增加管理的复杂性，特别是要围绕一个核心企业展开活动，要协调上下游企业的各种相关工作，相比协调一个企业内部的关系要复杂得多。

2. 动态性

动态性一方面表现在供应链中的各个企业并不是固定不变的，核心企业可能会根据市场的变化和需求随时选择新的合作伙伴，即使是非核心企业也可能因为业务发展的要求，而退出供应链，导致供应链处在不断变化和更新的动态中。另一方面，供应链中的某一个企业内部可能会发生变化、改革，不仅改变了该企业的组织结构、业务经营方式，也影响了供应链中其他企业的业务，使之适应该企业的变化，这种动态性变化是经常发生的。

3. 用户需求为主导

供应链中的企业与企业、企业与顾客之间的关系实际上就是供应与需求的关系。制造商对原料供应商来说就是用户，经销商对制造商来说就是用户，顾客对经销商来说就是用户，用户具有何种需求就决定了企业要生产什么产品。同时，用户需求是促使供应链正常运行的保证，供应链中的信息流、物流、资金流等都是在用户需求下发生的。

4. 交叉重叠性

交叉重叠性主要是由企业经营业务的多样性和需求的复杂性决定的。一个企业经营的业务往往有多种，可能一种业务处在一条供应链上，而另一种业务处在另一条供应链上，或者企业经营一种业务，而这种业务处在多条供应链上。需求的复杂性致使企业要与多个不同的组织进行合作，在同一条供应链中可能也会发生交叉的现象。

供应链管理的基本理念是符合企业发展要求的，它倡导一种面向顾客、以需求为主导、运用现代化技术和手段实现企业之间的双赢甚至多赢的理念。

(二) 数字化对供应链管理的影响

供应链管理本身就需要数字化作为支持，数字化是供应链管理的基础。首先，供应链管理的产生和发展与数字化是密不可分的，可以说如果没有数字化，要实现真正意义上的供应链管理是非常困难的，供应链所涉及的范围广、企业多，没有网络作为他们之间沟通和联络的手段，是无法快速应对环境变化的。其次，供应链中的各种数据、资料非常多，如果只靠人工来进行分析、整理，那么即使协调再好，沟通再流畅也是难以正确做出决策的。所以，供应链管理对数字化的需求是显而易见的，反过来数字化的建设又对供应链管理产生了许多影响。

1. 供应链各环节的变化

数字化的实施对供应链流动的各个环节产生了重大变化，在供应链战略的实施上，通过对企业内外环境信息的广泛收集，与各个企业充分商讨，确定每个企业应该如何在恰当的时间以恰当的方式为整个供应链做出贡献，实现资源的充分利用；在分销渠道上，数字化带来了高效率的营销渠道，供应链企业之间可以共享客户资源，营销的方式也逐渐由线下转到线上；利用数字化带来的先进技术，可以实现对库存和物流的跟踪管理，企业不需要备留更多的产品，根据网络传来的及时信息合理控制库存，争取实现零库存管理，最大限度地减少企业的成本；良好的信息传输，使制造商也能对市场的需求和产品的动态有更多的把握，他们不仅可以利用互联网直接寻找经销商，而且可以直接寻找最终客户。以前制造商的这种交易成本太大，难以实现与消费者的直接沟通，数字化拉近了他们之间的距离，改变了产品和服务的流通方式，在一定程度上冲击着传统供应链的构成。经销商面临着越来越大的挑战，不仅要与其他经销商之间展开竞争，而且要与制造商展开竞争，将使整个供应链的供需产生变化；数字化对供应链的输出端即顾客来说，不管是对产品的质量还是产品的附加功能都有了更高的要求，顾客不仅关注产品本身，而且对产品的制造流程、如何配送等必要的信息也更加关注。

2. 实现信息共享

这里的信息共享主要是指供应链内部信息的共享。网络虽然方便了人们收集和传递信息，但是在庞大的信息数据库中找到真正对企业有价值的信息还是很困难的，特别是网络上充斥着虚假信息，让企业难辨真伪。所以，在供应链内部便形成了信息共享，这些信息都是每个企业经过认真整理、分析之后的数据，解决了信息不确定性的问题。比如，在供应链系统中可以应用可扩展标记语言（XML）技术，建立私有网络系统，集成各个企业内部的信息和它们收集到的信息。供应链中的各个企业利用这些信息进行协作，可以把供应商、制造商、经销商、设计师、营销人员等利用网络技术集结起来，共同设计产品，这种网络协作设计极大地节省了成本也降低了设计的复杂性，保证在最短的时间内设计出具有个性化、能满足顾客的产品。

3. 供应链特征发生变化

供应链是在数字化的支持下才建立起来的，随着数字化的发展，供应链的特征也在不断发生变化。数字化使各个企业的信息更加透明，每个企业与顾客的距离也更加接近，一个企业具有的供应商和客户都比以前增多。供应链的动态性和交叉重叠性都更大，以顾客需求为主导的方式不断得到加强。在线合作中已经形成了虚拟供应链，这是充分利用数字化在网上进行合作，参与这种虚拟供应链的企业能以最快的速度共享产品、库存、物流等情况，然后根据所得到的信息调整自己的计划，不断提高竞争力。

数字化环境下，供应链将以满足客户个性化需求为主，可伸缩性和弹性将越来越大，注重企业间和跨行业的价值链建设，建立起新型的供应链系统。

二、数字化与客户关系

（一）客户关系管理的含义以及流程

客户关系管理（CRM）是现代管理思想的新发展与数字化技术相结合而出现的，它注重企业与客户之间长期关系的建立，把客户作为企业经营的中心。传统的企业经营往往只注重企业利益的多少，即使注意到了客户关系的重要性，也没有把这种理念贯彻到整个企业。客户关系管理的核心思想是把客户作为企业发展的基础，是企业的一种宝贵财产，通过提供给顾客满意的产品和服务，分析每一位顾客的个性化需求，给予他们属于自己的个性化订制，提高他们的客户忠诚度和满意度，保证顾客具有终身价值，从而促进企业长期稳定的发展。企业应该把客户关系管理作为组织的一种管理机制，应用于企业的采购、生产、制造、人事、营销、售后等各个方面，协助他们及时了解客户的需求与他们建立良好的合作伙伴关系。可以说客户关系管理既是企业组织管理客户的手段和方法，也是一套完整、系统的实现管理、销售、客户关怀、客户服务流程自动化的软件和硬件系统。

客户关系管理的流程通常包括四个阶段：

一是信息管理阶段，客户关系管理系统从企业所从事的业务、企业资源计划（ERP）系统、管理信息系统（MIS）系统以及在供应链中共享的信息中提取有关的客户信息，对这些信息分门别类地进行整理、归纳，这个阶段也可以称为信息挖掘阶段。

二是客户价值衡量阶段，对搜集来的信息用数据挖掘工具进行处理，更精确地找到对企业有价值的信息，然后给这些信息建一个独立的档案进行保存。

三是活动管理阶段，也是客户信息利用阶段，如企业要推出新产品和新服务，那么就需要仔细分析这些信息，针对不同年龄段、不同消费水平等有目的地做出营销策略。

四是实施管理阶段，针对第三阶段所做出的分析和制定的策略，对特定人群实施具体的活动，如电话通知、短信提醒、邮件通知、网站信息等方式。

这四个阶段是相互联系的，通过活动之后收集到的信息又回到了第一阶段，为下一次管理做好准备。

（二）数字化对客户关系管理的作用

数字化能及时了解客户的动态和需求，分析他们对现有产品的态度和新产品的反应，对有意见或者反应异常的客户要细致分析，通过计算机图表、数据的帮助，找出原因所在，并且及时与顾客沟通，让他们真正了解产品和服务。然后进一步观测顾客的变化，根据顾客行为在图表上的反应和走势，预测出他们以后的行为，也为企业下一步为他们制订合理的销售计划做好基础和准备。另外，企业要以拥有的客户信息为主，用计算机软件设定程序和参数，实现客户群体的细分。这种群体细分要比以往客户细分更深入，借助计算机可以邀请客户进行网上模拟购物测试，以及个性、需求等测试，更加透彻地了解顾客，切实满足他们真正的需求，提高个性化服务，培养顾客的忠诚度。

传统的消费方式是买方主导，或者是卖方主导，商家把制造的产品拿到市场上，顾客如果有需求就去买。数字化时代的市场竞争越来越激烈，如果企业不能先发制人，引导顾客进行消费，那么很难实现大的发展。引导顾客进行消费，并不是强迫顾客进行消费，而是激发顾客的潜在需求，满足他们的这些潜在需求。客户关系管理是能激发顾客潜在需求的方法之一，通过客户关系的良好建立，企业对顾客越来越了解，知道他们需要什么样的产品和服务，而顾客在接受企业良好的产品和服务的过程中越来越信任企业，愿意和企业合作，企业每推出新的产品和服务顾客都会关注。这样就会慢慢激发顾客的潜在需求，增加企业的销售额，同时也提高顾客对企业的满意度。

（三）实现虚拟客户关系

数字化时代人们之间的交往方式和沟通方式都发生了很大改变，特别是网络购物、电子商务的崛起，彻底改变了人们传统的消费观念和习惯，这对企业来说既是机遇又是挑战。企业必须充分认识到这种必然的趋势，在市场中快速抢占份额。企业主要涉及 B2B 和 B2C 两种模式，它们是企业经营的主要方式。在进入电子商务之后，企业不需要与客户进行面对面的交流，他们的需求也主要靠网络搜索来实现，所以在电子商务中如何进行客户关系管理是非常重要的，这在一定程度上决定了企业是否能长久地生存下去。在电子商务中，企业与顾客的交流方式主要是利用在线聊天工具或者邮件传递等，企业一定要掌握网络沟通技巧，如适当地掌握网络用语等，这是有利于双方建立关系的。在顾客网上下完订单之后，就等于把自己的个人信息都交给了企业，这时候就是企业收集信息的阶段，对信息的分析和整理大致上和传统的客户关系管理流程一样，所不同的是最后一个阶段是具体活动的实施阶段。网络客户遍布不同的地区，企业很难把他们全都召集在一起参加具体的活动，但是数字化可以实现在线为顾客一对一地个性化设计和服务，以及新产品免费邮寄试用等，通过这种网络联络的手段建立起虚拟的客户关系，是数字化主导下客户关系管理的新发展。

客户关系管理将成为一个企业增加销售额、扩大生产、持久发展的保障，利用数字化以及客户关系管理系统，会使企业科学有效地对客户做出分析，采取有针对性的措施，提供更加满意、更加周到的服务，真正实现以客户为主导的经营理念。

参考文献

[1] 李贝贝，周莎莎. 工商管理与经济统计分析研究［M］. 长春：吉林科学技术出版社，2021. 07.

[2] 李晶，杨轶然，刘威达. 市场营销渠道建设与工商管理［M］. 长春：吉林人民出版社，2021. 08.

[3] 董晓松，万芸，王静. 人工智能与工商管理［M］. 北京：社会科学文献出版社，2021. 08.

[4] 王卫彬. 工商管理专业实验指导书实训［M］. 大连：东北财经大学出版社，2021. 04.

[5] 刘万元，向洪玲. 工商管理综合实训模拟教程［M］. 成都：西南财经大学出版社，2020. 05.

[6] 何月霓. 工商管理专业创新能力培养［M］. 吉林出版集团股份有限公司，2020. 06.

[7] 王国顺. 普通高校工商管理系列规划教材管理学［M］. 北京：清华大学出版社，2020. 09.

[8] 李毅，东珠加，冯琳琳. 工商管理学科创新人才培养模式探索与实践［M］. 北京：经济日报出版社，2019. 02.

[9] 刘中艳，肖遗规. 工商管理论丛高技术服务业创新机理与绩效研究［M］. 武汉：武汉大学出版社，2019. 12.

[10] 张家琦. 工商管理知识体系前沿研究［M］. 哈尔滨：黑龙江教育出版社，2019. 04.

[11] 胡宁. 工商管理企业分析与共享案例［M］. 北京：经济管理出版社，2019. 10.

[12] 田广，周涛，马建福. 管理与工商人类学［M］. 银川：宁夏人民出版社，2018. 05.

[13] 陈国生，魏勇，赵立平. 工商企业经营与管理概论［M］. 北京：对外经济贸易大学出版社，2018. 02.

[14] 边明伟. 工商企业经营管理案例教程［M］. 成都：西南交通大学出版社，2018. 07.

[15] 陈颉，高楠. 工商管理专业导论［M］. 北京：经济科学出版社，2018. 09.

[16] 毛蕴诗. 工商管理前沿专题［M］. 北京：清华大学出版社，2018. 06.

[17] 师慧丽. 工商管理专业教学论［M］. 北京：教育科学出版社，2018. 03.

[18] 王瑞华. 中国工商管理案例精选第 7 辑［M］. 北京：中国财政经济出版社，

2018.11.

［19］马新建，李庆华. 工商管理案例教学与学习方法第 3 版［M］. 北京：北京师范大学出版社，2018.06.

［20］王英萍. 商法第 5 版工商管理系列教材［M］. 格致出版社；上海人民出版社，2018.07.

［21］吴君民，陈远锦. 高级工商管理培训教程［M］. 镇江：江苏大学出版社，2017.09.

［22］张宏远，任真礼，胡志健. 工商管理综合实训教程［M］. 大连：东北财经大学出版社，2017.09.

［23］王玉梅. 工商管理教学改革研究［M］. 延吉：延边大学出版社，2017.12.

［24］戴维. 工商管理教育教学改革研究［M］. 南京：南京大学出版社，2017.04.

［25］李文奇. 工商管理与经济发展的关系［J］. 文渊（高中版），2021（10）.

［26］王虹懿. 创新企业工商管理模式［J］. 人力资源，2021（2）.

［27］吴云侠. 企业工商管理的发展［J］. 乡镇企业导报，2019（3）.

［28］周小虎. 工商管理在企业管理中的应用［J］. 黑龙江交通科技，2022（10）.

［29］王小凤. 企业工商管理的发展趋势与管理模式［J］. 现代企业文化，2022（12）.

［30］池荷芬. 工商管理对企业转型的影响分析［J］. 中国市场，2022（16）.